Raça, cor e diferença
A Escola e a Diversidade

Wilma de Nazaré Baía Coelho
Mauro Cezar Coelho
(Organizadores)

Raça, cor e diferença
A Escola e a Diversidade

2ª EDIÇÃO

MAZZA
edições

1ª Edição: 2008
2ª Edição: 2010

Capa
TÚLIO OLIVEIRA

Revisão
MAURO CEZAR COELHO
WILMA DE NAZARÉ BAÍA COELHO
NICELMA J. BRITO SOARES
RAFAELA PAIVA COSTA
FELIPE TAVARES DE MORAES
ANA EMÍLIA DE CARVALHO
LIBÉRIO NEVES

Diagramação
ANDERSON LUIZ SOUZA

Obra atualizada conforme o
Acordo Ortográfico da Língua Portuguesa

R118 Raça, cor e diferença: a escola e a diversidade / Wilma de Nazaré Baía Coelho, Mauro Cezar Coelho (organizadores). – 2.ed. – Belo Horizonte: Mazza Edições, 2010.

128p. ; 16x23 cm.

ISBN: 978-85-7160-500-8

1. Educação-Racismo-Brasil. 2. Discriminação racial – Brasil. 3. Exclusão educacional-Brasil. I. Coelho, Wilma de Nazaré Baía. II. Coelho, Mauro Cezar.

CDD: 320.56
CDU: 323.15

MAZZA EDIÇÕES LTDA.
Rua Bragança, 101 | Pompeia
30280 410 | BELO HORIZONTE | MG
Telefax: (31) 3481 0591
edmazza@uai.com.br | www.mazzaedicoes.com.br

Impressão e acabamento: Yangraf Gráfica e Editora

Agradecimentos

Ao CNPq, pelo fomento à pesquisa no Projeto "Diferença e Etnia no Universo Escolar"; à Universidade Federal do Pará, por meio do programa PIBIC, pelo financiamento das bolsas de iniciação científica; e às escolas públicas e privadas, *locus* da pesquisa, pela gentileza com a qual contribuíram com este trabalho.

Ao artista plástico Jorge Eiró, responsável pelos estudos iniciais de capa que muito contribuíram para o resultado final.

Rather we recognize that racism is not a natural phenomenon. No child is born racist. Hatred of a person with a different color skin is a behavior which must be taught.

Gregor Kerr

No one is born hating another person because of the color of their skin, or their background or their religion. People must learn to hate, and if they can learn to hate, they can be taught to love, for love comes more naturally to the human heart than its opposite

Nelson Mandela

Em primeiro lugar, acho importante definir o antissemitismo como um fenômeno político e social. Ele é uma construção do homem, porque ninguém nasce antissemita e ninguém nasce racista. Ele prolifera, principalmente, por meio da educação.

Maria Luiza Tucci Carneiro

SUMÁRIO

NOTA INTRODUTÓRIA

Este livro nasce de uma confluência de projetos. O primeiro, ***Diferença e Etnia no Universo Escolar: um estudo sobre os atores e conteúdos étnicos na educação***, com chancela do Conselho Nacional de Desenvolvimento e Pesquisa (CNPq), iniciou-se em 2005. Por meio dele, os pesquisadores[1] trataram de analisar as formulações do universo escolar sobre as categorias relacionadas à Diversidade. Os pesquisadores atuaram em cinco escolas da cidade de Belém, capital do Estado do Pará, nas quais foram levantados os dados para a pesquisa, alguns dos quais subsidiam os textos apresentados a seguir.

O segundo projeto, ***Implantando a Lei nº 10.639/2003 no Centro Federal de Educação Tecnólogica do Pará (CEFET-PA): implicações na formação docente***,[2] financiado pela Secretaria de Educação Superior do Ministério da Educação. De natureza institucional, ele pretendeu aplicar os princípios contidos na Lei nº. 10.639/03. Neste sentido, ele se constituiu em um conjunto de medidas voltadas para dois objetivos: um de caráter afirmativo – relacionado à garantia do acesso

[1] O projeto contou com a participação dos professores doutores: Rosa Elizabeth Acevedo Marin, Wilma de Nazaré Baía Coelho, Jonas Marçal de Queiroz e Mauro Cezar Coelho.

[2] Coordenado pela professora mestra Helena do Socorro Campos da Rocha, com a consultoria da professora doutora Wilma de Nazaré Baía Coelho, o projeto consistiu em uma série de ações de caráter afirmativo, com vistas ao acesso de jovens afro-descendentes à Universidade, e, também, de caráter formativo, com a oferta de cursos de aperfeiçoamento e especialização, relacionados ao espírito da Lei nº 10.639/03.

de jovens afro-descendentes à Universidade; outro de caráter formativo – voltado para a formação de professores.

Desde 2005, o CEFET-PA iniciou um conjunto de ações afirmativas, voltadas para negros, índios e descendentes, pessoas com necessidades educacionais especiais e estudantes oriundos de Escolas Públicas. Por meio de convênio com a Organização das Nações Unidas para a Educação, a Ciência e a Cultura (UNESCO) e com o Banco Mundial, formulou-se o Projeto Inovador de Curso do CEFET-PA (PICEFET), cujo objetivo era contribuir para o ingresso de afro-descendentes, índios e seus descendentes e estudantes carentes nos cursos superiores do CEFET-PA e de outras instituições de ensino superior do Pará, por meio de um curso preparatório. Em seguida, implantou o Programa de Ações Afirmativas para a População Negra (UNIAFRO) nas Instituições Públicas de Educação Superior, o qual visava a apoiar e incentivar o fortalecimento e a institucionalização das atividades do Núcleo de Estudos Afro-Brasileiros (NEAB) do CEFET-PA.

No âmbito da Universidade Federal do Pará, a pesquisa que consubstanciou este livro foi, em grande parte, produzida pelos integrantes do Grupo de Estudos e Pesquisa sobre Formação de Professores e Relações Étnico-Raciais (GERA). O GERA tem por objetivo aprofundar o conhecimento sobre as relações raciais, relacionadas à formação educacional e cultural contemporânea.

O livro que apresentamos ao público é resultado desse duplo esforço, de dois projetos que, distintos na origem e na fonte de financiamentos, acabaram vinculados pelo tema comum. Ambos elegeram as questões colocadas pela lei já citada como objeto de estudo e trabalho. Ao longo dos três últimos anos, desenvolveram um aporte inicial para lidar com as questões da Diversidade, especialmente no que diz respeito ao que, no Brasil, está relacionado *à raça* e *à cor*.

É em função do que a pesquisa acrescentou à reflexão inicial que apresentaremos os trabalhos reunidos neste volume.

Antes, porém, queremos agradecer às instituições de fomento que permitiram a realização das iniciativas que originaram as reflexões que compõem a obra: ao Conselho Nacional de Desenvolvimento Científico e Tecnológico, pelo apoio financeiro à Pesquisa *Diferença e Etnia no*

Universo Escolar; à Secretaria de Educação Superior, do Ministério da Educação, pelo incentivo às ações educativas, como o Projeto *Implantando a lei nº 10.639/2003 no CEFET-PA*; ao Centro de Educação Tecnológica, à Universidade Federal do Pará e à Universidade da Amazônia, pelo apoio institucional aos professores que compuseram a pesquisa e o projeto. No caso da Universidade Federal do Pará, as bolsas de Iniciação Científica foram fundamentais para a formação de novos pesquisadores voltados para a questão que trata esta obra.

PREFÁCIO

Wilma Baía Coelho
Mauro Cezar Coelho

Falar de Diversidade, no Brasil, não é fácil. Não que o seja em outros países, especialmente naqueles de passado colonial, como é o nosso caso. No Brasil, a complexidade reside no fato de que a noção de diversidade tornou-se, entre nós, constitutiva da identidade nacional. Somos o país da "miscigenação": um país mulato, cafuzo, embalado por ritmos, crenças e práticas sincréticas. O cancioneiro popular e a produção literária são repletos de ícones mestiços, como que indicando a índole incorporadora da nação, a qual transformaria o estranho em familiar, congregando-o ao todo nacional e dirimindo as diferenças.

O caráter binário de outras culturas nacionais, que dividem a sociedade em brancos e negros, nos é estranho. Entre uma e outra indicação de cor, o Brasil conhece – à revelia dos órgãos de pesquisa – uma infinidade de definições que denotam a valorização do gradiente. Poderíamos continuar, citando indícios da propensão em fundir, em amenizar as diferenças, em tornar familiar – brasileiros – tudo e todos os que se aproximam. No entanto, qualquer brasileiro sabe que, a despeito de tudo isso, a discriminação, o preconceito e o racismo existem e insistem em assaltar o cotidiano nacional.

Nessa aparente contradição, reside a dificuldade daqueles que, como nós, abordam as questões relacionadas à Diferença e à Diversidade. Já se disse que no Brasil há preconceito em se ter preconceito. A afirmação aponta um aspecto valioso de nossa cultura: o chamado "racismo à brasileira". O seu caráter velado não é menos eloquente que a sua presença. Desde a concepção de "boa aparência" até a compreensão do "lugar" de cada indivíduo, o racismo está presente. Ele pode ser percebido por qualquer um que não compreenda o "seu lugar" e "invada" o espaço indevido: do pagode ao elevador social.

Ademais, o caráter *mestiço* da cultura brasileira dificulta a abordagem da questão, tal como ela se dá em outros países, como nos Estados Unidos da América, principalmente. Muitos dos que militam nas fileiras do Movimento Negro e muitos dos simpatizantes das Ações Afirmativas acreditam que o caminho para a resolução dos desdobramentos da discriminação no Brasil passa pela valorização da "cultura afro-brasileira". A dificuldade está, neste caso, em apontar os índices de uma "cultura afro-brasileira" distintos de uma cultura "branca".

A cultura brasileira é demarcada pela conjunção de referências diversas, de matrizes distintas. A moda de viola, o samba, as cantigas de roda, para limitarmo-nos a alguns ritmos do cancioneiro popular, carregam matrizes construídas em mais de um continente. A culinária brasileira, ainda que profundamente devedora da tradição portuguesa, está repleta de referências da culinária africana e indígena. A literatura brasileira é demarcada por grandes personagens *mulatos*, *sararás*, *cafuzos*, *caboclos*, etc.

Não é nossa intenção desenvolver uma tese sobre a cultura brasileira e sobre a inexistência de nichos culturais no Brasil. Este prefácio tem por objetivo situar os dilemas com que se depara o estudioso da questão étnico-racial no Brasil, de forma a situar a dimensão do livro que oferecemos ao público. O maior deles é, justamente, o perigo inerente a abordar a questão como um conflito civil, que separa a nação.

Reconhecer o racismo e seu caráter nefasto na sociedade brasileira não avaliza, pelo menos até hoje, identificá-lo com os indícios de uma luta social iminente. O gradiente a que milhares de brasileiros recorrem para se autoidentificarem, assim como o fato de o reconhecimento, se efetivar, no Brasil, primeiramente, pela condição nacional, indicam o cuidado com o qual a questão deve ser abordada.

Entendê-la na sua complexidade e, em certa medida, nas suas contradições são cuidados essenciais. Fugir dos caminhos fáceis que apontam culpados e polarizam a questão, por meio da indicação, por exemplo, de uma *elite branca*, a qual discrimina e prejudica os demais membros do corpo social, em função de interesses obscuros (especialmente o de manter-se no *poder*), pode ser muito mais proveitoso. Não se deve esquecer de que a questão da discriminação e do preconceito não se constituiu, no Brasil, como um problema de um grupo em relação ao outro, uma vez que ambos os vícios acabaram por constituir a cultura brasileira, configurando um traço nocivo da nossa vida nacional.

No entanto, a construção de um arcabouço teórico e metodológico no trato da questão que abordamos só se dará com o aumento das pesquisas e reflexões. Nas últimas décadas, muito tem sido dito sobre a questão. Todavia, parte significativa da produção se ocupa com a denúncia da discriminação e do preconceito, nas diversas instâncias do processo educacional. O que necessitamos, porém, é de pesquisa básica e aplicada que indiquem as matrizes de ambos os vícios e a sua persistência na Escola e nos procedimentos pedagógicos.

Este livro se situa como uma contribuição para a construção da massa crítica necessária à reflexão sobre o processo educacional e sobre a reversão do que ele tem de nocivo, ou seja, a reprodução do preconceito e das práticas discriminatórias. Uma contribuição que se debata com os limites impostos pela pesquisa feita e com as dificuldades inerentes à construção de uma base teórica sólida para a compreensão da questão, sem as facilidades de um discurso próprio para os momentos de catarse, mas pouco produtivo para a construção de soluções.

Os trabalhos aqui reunidos conformam momentos distintos da reflexão de um conjunto de pesquisadores, em estágios diferentes da reflexão e da vida acadêmica. Parte significativa dos colaboradores são alunos dos cursos de graduação da Universidade Federal do Pará. Os organizadores compreendem, desde há algum tempo, que parte da solução dos problemas educacionais brasileiros se deve aos processos de formação de professores. Assim, entenderam ser necessário atuar na formação dos futuros professores (seus alunos), de forma a tornar a interface Ensino/Pesquisa, comum em vários dos projetos pedagógicos de cursos de licenciatura, uma prática constante.

Por outro lado, os trabalhos que a obra congrega guardam distâncias de perspectiva. Eles exemplificam o estado da produção atual, a qual, a despeito dos avanços significativos alcançados nos últimos anos, procura ainda a construção de análises fundamentadas e de alternativas que recusem a condição de apelos morais (não que eles não tenham sua importância) e que se concentrem na compreensão do processo educacional como algo mais do que o resultado da união de "boas intenções" e o percebam como a prática fundamentada e encaminhada a partir de uma perspectiva profissional.

Belém, julho de 2008.

RELAÇÕES SOCIAIS NO "PARAÍSO RACIAL": CONSIDERAÇÕES INICIAIS SOBRE UM MITO

Wilma Baía Coelho
Rebeca Pereira Cabral

Muitas pessoas podem se perguntar: por que discutir a discriminação racial contra os negros no Brasil, já que somos um país onde o sonho mítico da democracia racial é a característica que mais identifica o nosso povo? Em que um povo, tão *miscigenado* e que se orgulha desta situação, vê necessidade de Ações Afirmativas para inserção dos negros nas universidades e no mercado de trabalho[3]? Estudos feitos sobre a tão acreditada democracia racial têm mostrado que a não-existência do racismo no Brasil é uma *fábula*[4].

Inúmeras pesquisas revelam a perpetuação dos padrões que pautaram a experiência escravista no Brasil: a pobreza tem cor – os *negros*,

[3] Entre os inúmeros trabalhos no tocante a este aspecto, sugerimos a leitura de: TEIXEIRA, Moema de Poli. *Negros na universidade e trajetórias de ascensão social no Rio de Janeiro*. Rio de Janeiro: Pallas, 2003; QUEIROZ, Delcele Mascarenhas. *Universidade e desigualdades*: brancos e negros no ensino superior. Brasília: Líber Livro, 2004; SANTOS, Sales Augusto. *Ações afirmativas e combate ao racismo nas Américas*. Brasília: Ministério da Educação, Secretaria de Educação Continuada, Alfabetização e Diversidade, 2005.

[4] MATTA, Roberto da. *Relativizando*: uma introdução à antropologia social. Rio de Janeiro: Rocco, 1987.

pardos e *mestiços* de toda ordem compõem a grande parcela da população pobre brasileira[5]. Florestan Fernandes afirmou que o Brasil tem *preconceito de ter preconceito*[6], o que contribuiria para a manutenção de uma versão edulcorada da relação que o Brasil mantém consigo mesmo: o *racismo à brasileira*[7]. Por meio dele, mantém-se a situação oprobriosa do negro em uma sociedade que finge não ser e é, usando de sutilezas, xenófoba e racista.

Este contexto é extremamente complexo e exige por parte de quem se propõe a compreendê-lo uma visão consequente. Afirmar que a discriminação entre nós é de classe e não de cor é desviar-se do problema, pois que as disparidades sociais (lamentavelmente) contribuem para a constituição de práticas discriminatórias, mas quem é negro, *mestiço* ou qualquer variação desse caleidoscópio que acabamos por nos constituir, no senso comum, sabe que a discriminação não se encerra com a superação das condições de renda[8]. Por essa razão, entre

---

[5] MUNANGA, Kabengele. Racismo: da desigualdade à intolerância. *São Paulo em perspectiva*, São Paulo, v. 2, n. 2, p, 51-55, 1990; *Idem* (Org.). O anti-racismo no Brasil. In: *Estratégias e políticas de combate à discriminação racial.* São Paulo: EDUSP, 1996. p. 79-94; HENRIGER, Rosana. Mapeamento das Ações e Discursos de Combate às Desigualdades Raciais no Brasil. *Estudos Afro-Asiáticos*, Rio de Janeiro, v. 23, n. 2, p. 1-43, 2001; BRANDÃO, André Augusto Pereira. *Os novos contornos da pobreza urbana*. Espaços sociais periféricos na Região Metropolitana do Rio de Janeiro. (Tese Doutorado) Universidade do Estado do Rio de Janeiro, Rio de Janeiro. 2002; TEIXEIRA, Moema de Poli. *Op. cit.*; PAIXÃO, Marcelo. *O ABC das Desigualdades Raciais:* um panorama do analfabetismo da população negra através de uma leitura dos indicadores do Censo 2000. Disponível em: http://www.ie.ufrj.br/aparte/pdfs/paixao_abc_das_desigualdades_raciais.pdf. Acesso em: 27 jan. 2008.

[6] FERNANDES, Florestan. *A integração do negro na sociedade de classes*: a ascensão social do negro e do mulato. São Paulo: Ática, 1965; *idem. O negro no mundo dos brancos.* São Paulo: DIFEL, 1972.

[7] Para uma reflexão sobre o "racismo à brasileira", ver: PEREIRA, João Baptista Borges. Racismo à Brasileira. In: MUNANGA, Kabengele (Org.). *Op. cit.*, 1996. p. 75-94; TELLES, Edward Eric. *Racismo à brasileira*: uma nova perspectiva sociológica. Rio de Janeiro: Relume Dumará; Fundação Ford, 2003.

[8] Entre os trabalhos que abarcam essa discussão, de modo circunstanciado, destacamos: TEIXEIRA, Moema de Poli. A questão da cor nas relações de um grupo de baixa renda. *Estudos Afro-Asiáticos*, Rio de Janeiro, n. 14, p. 85-97, 1987; MUNANGA, Kabengele. *Op. cit.*, 1990; *idem. Op. cit.*, 1996; GUIMARÃES, Antônio Sérgio Alfredos & HUNTLEY, Linn Walker (Org.). *Tirando a máscara*: ensaios sobre o racismo no Brasil. São Paulo: Paz e Terra, 2000.

outras, que a consideração da discriminação como um problema social apenas, e não como um problema da cultura, acaba por dificultar – não que isto sirva para o seu impedimento – o dimensionamento da questão étnico-racial e das políticas pensadas para a superação do preconceito e da discriminação[9].

É fundamental, portanto, considerar as relações raciais em suas diversas dimensões. Assim, neste texto, apresentaremos, em linhas gerais, três aspectos do racismo velado no Brasil: o econômico, o cultural e o político, bem como as disparidades sociais, o mito da democracia racial e as considerações do Movimento Negro, respectivamente. Ao analisarmos a questão por essas dimensões, esperamos proporcionar uma base por meio da qual se possa considerar o problema étnico-racial na sua complexidade e contribuir para dirimir posições que, ao final, relegam uma parte do gradiente nacional à condição de invisibilidade.

Discriminação social: a falácia econômica

A utilização do fator econômico como raiz do preconceito tem como respaldo o fato de a população negra compor grande parte das camadas mais empobrecidas. Ademais, o argumento é reforçado com a ideia de o passado de escravidão ser um fator impeditivo para a superação de limites econômicos dados: educação precária e baixa renda familiar são considerados como fatores causadores da manutenção de

[9] Sobre Ações Afirmativas ver: SISS, Ahyas. *Afro-brasileiros, cotas e ações afirmativas*: razões históricas. Rio de Janeiro: Quartet; Niterói: PENESB, 2003; SILVÉRIO, Valter Roberto. Ação Afirmativa: percepção da "Casa Grande" e da "Senzala". *Perspectivas – Revista de Ciências Sociais*, São Paulo, v. 26, p, 57-79, 2003; *idem. Movimento Negro und (Re-)Interpretation des brasilianischen Dilemmas. Wiener Zeitschrift Für Kritische Afrikastudien – STICHPROBEN*, Viena, Áustria, v. 1, n. 6, p. 21-42, 2004; SILVA, Petronilha Beatriz Gonçalves e; SILVÉRIO, Valter Roberto. *Educação e Ações Afirmativas*: entre a Justiça simbólica e a injustiça econômica. Brasília: Instituto Nacional de Estudos e Pesquisas Educacionais Anísio Teixeira, 2003; GOMES, Nilma Lino. Cotas étnicas e democratização da universidade pública. *Presença Pedagógica*, Belo Horizonte, v. 9, n. 53, p. 55-61, 2003; *idem* (Org.). *Tempos de Lutas*: as ações afirmativas no contexto brasileiro. Brasília: MEC/SECAD, 2006; DUARTE, Evandro C. Piza *et al. Cotas raciais no ensino superior*. Curitiba: Juruá, 2008.

um círculo vicioso que manteriam na pobreza e na marginalidade a população negra[10]. Essa tese, no entanto, tem sido confrontada por vários autores[11].

De fato, a população carcerária é negra, em sua maior parte, da mesma forma que são negras muitas das crianças a esmolarem nos sinais de trânsito. As atividades subalternas são ocupadas, em sua grande maioria, por afro-descendentes. Essa condição de subalternidade e exclusão é decorrente, em larga medida, da ausência de medidas que tivessem garantido a transição da Escravidão para a Liberdade, ainda no século XIX. De fato, também, as condições econômicas vividas pela população negra suscitam uma série de práticas discriminatórias que vai do anedotário popular ao constrangimento em estabelecimentos de consumo (atenção especial de agentes de segurança, atendimento ríspido e descrédito de vendedores[12], etc.).

No entanto, conforme um estudo realizado por Nelson Valle Silva[13], a discriminação permanece, mesmo entre os negros que se encontram entre as faixas superiores, de renda e educação. Um dos primeiros aspectos notados é a não-correspondência entre investimento educacional e retorno profissional e financeiro, com relação à população negra: brancos e *não-brancos*, mesmo exercendo a mesma função, recebem salários distintos. Os *não-brancos* percebem remuneração menor e vivem em piores condições de trabalho. Outro aspecto diz respeito à mobilidade social: conforme o quadro e as tabelas apensos ao final do texto, os elementos *não-brancos*, independentemente de sua condição social, vivem maior tendência à imobilidade do que o outro grupo. Notem a tabela referente à mobilidade e perceberão que *negros* e *pardos* – para nos

---

[10] FERNANDES, Florestan. *Op. cit.*, 1965; *idem. Op. cit.*, 1972.

[11] HANSEBALG, Carlos Alfredo. *A discriminação e desigualdades raciais no Brasil.* Tradução de Patrick Burglin. Rio de Janeiro: Graal, 2005.

[12] Sobre o mercado de trabalho para o negro, em Belém, ver: AMARAL, Assunção José Pureza Amaral. *Da Senzala à Vitrine:* relações raciais e racismo no mercado de trabalho em Belém. Belém: CEJUP, 2004.

[13] SILVA, Nelson Valle Silva. Extensão da natureza das desigualdades raciais no Brasil. In: GUIMARÃES, Antônio Sérgio Alfredo; HUNTLEY, Linn Walker (Org.). *Op. cit.*. p. 33-52.

atermos às referências utilizadas pelo Instituto Brasileiro de Geografia e Estatística – perfazem os menores percentuais referidos no trabalho *Educação e Diferenças Raciais na Mobilidade Ocupacional no Brasil*[14].

Desta forma fica evidente que, por mais que o segmento negro (*preto* ou *pardo*) escale um determinado *status* social mais favorável, a incidência de permanência ou de evolução nesta escala é reduzida para os negros, em comparação com os indivíduos inseridos nas demais classificações – situação reincidente, no Brasil, segundo pesquisas recentes e os órgãos oficiais, como o Censo de 2000. O quadro que se segue sobre ocupação trata, como o nome sugere, da mobilidade social dos indivíduos pesquisados.

ESTRATOS OCUPACIONAIS, VALORES MÉDIOS E OCUPAÇÕES REPRESENTATIVAS

G. O.[15]	ESTRATO	OCUPAÇÕES REPRESENTATIVAS	ISS MÉDIO
1	Baixo-inferior: Trabalhadores rurais não qualificados.	Produtores agropecuários autônomos; outros Trabalhadores na agropecuária; pescadores.	2,90
2	Baixo-superior: Trabalhadores urbanos não qualificados.	Comerciantes por conta própria; vigias; serventes; trabalhadores braçais sem específicação; vendedores ambulantes; empregadas domésticas.	6,49
3	Médio-inferior: Trabalhadores qualificados e semiqualificados.	Motoristas; pedreiros; mecânicos de veículos; marceneiros; carpinteiros; pintores e caiadores; soldados; eletricistas de instalações.	8,68

[14] HASENBALG, Carlos; SILVA, Nelson do Valle. *Educação e Diferenças Raciais na Mobilidade Ocupacional no Brasil.* Trabalho apresentado no XXII Encontro Anual da ANPOCS, 27 a 31 de outubro de 1998, GT Desigualdades Sociais. Disponível em: http://bibliotecavirtual.clacso. org.ar/ar/libros/anpocs/hasen.rtf.

[15] Grupo Ocupacional.

4	Médio-médio: Trabalhadores não manuais, profissionais de nível baixo e pequenos proprietários.	Pequenos proprietários na agricultura; administradores e gerentes na agropecuária; auxiliares administrativos e de escritório; reparadores de equipamentos; pracistas e viajantes comerciais; praças das Forças Armadas.	17,01
5	Médio-superior: de nível médio e médios proprietários.	Criadores de gado bovino; diretores; assessores e chefes no Serviço Público; administradores e gerentes na indústria e no comércio; chefes e encarregados de seção; representantes comerciais.	27,19
6	Alto: Profissionais de nível superior e grandes proprietários.	Empresários na indústria; administradores e gerentes de empresas financeiras, imobiliárias e secundárias; engenheiros; médicos; contadores; professores de ensino superior; advogados; oficiais das Forças Armadas.	44,06

Fonte: *Educação e Diferenças Raciais na Mobilidade Ocupacional no Brasil.* Carlos Hasenbalg/IUPERJ e Nelson do Valle Silva/LNCC/IUPERJ,1998.

Chama atenção o fato de que o maior índice de movimento descendente – de indivíduos que decaem de sua condição social original – ocorre entre *Brancos*. Todavia, a análise de outros índices evidencia que as categorias pretos e pardos congregam o maior número de indivíduos com maior índice de imobilidade social[16].

A consideração dos outros índices dá conta, ainda, de que os indivíduos destas duas últimas categorias ascendem em menor grau. O menor índice de passagem de uma condição social para outra, inferior

[16] Sobre este aspecto, conferir: HASENBALG, Carlos Alfredo. *Anotações sobre a classe média negra no Rio de Janeiro*. Rio de Janeiro: IUPERJ, 1983; *idem*. 1988: discurso sobre a raça – pequena crônica de 1988. *Estudos Afro-Asiáticos*, Rio de Janeiro, n. 20, p. 187-195, 1991; *idem et al. Cor e estratificação social.* Rio de Janeiro: Contra Capa, 1999; *idem. Op. cit.*, 2005.

entre eles, portanto, não é evidência de melhor condição social. O que ocorre é uma maior estagnação – *Pretos* e *Pardos* tendem a ascender menos e a decair (proporcionalmente) mais que os *Brancos*. Os dados revelados pela tabela não correspondem com o argumento de que a discriminação no Brasil seria social e não de cor. Pelo contrário, a dificuldade que *não-brancos* enfrentam para alterar sua condição socioeconômica é a evidência de que – independentemente do grau de pobreza – indivíduos classificados como *Brancos* não têm de lidar com um elemento complicador em sua luta por ascensão social: a cor[17].

O preconceito no Brasil, portanto, não é social. É racial, em primeira escala. Não avalizamos, evidentemente, as teorias pseudocientíficas que advogam a existência de *raças* humanas. Surgidas na segunda metade do século XIX, conheceram grande destaque até perto de um século depois, com consequências trágicas durante a Segunda Guerra Mundial, inclusive. Desde há algum tempo, especialistas das mais diversas orientações recusam a existência de *raças*, na acepção biológica, entre humanos[18].

O preconceito no Brasil, no entanto, é racial, por duas razões. Em primeiro lugar, porque, a despeito do que afirma a ciência – sobre a inexistência de *raças* humanas –, é a partir da crença na existência de *raças* (cada uma delas com seus atributos) que muitos organizam sua relação com o Outro. Neste caso, o fundamento encontra-se na memória da escravidão e na constatação diária da condição subalterna em que se encontra grande parte dos indivíduos de pele escura.

Em segundo lugar, o preconceito é racial porque a categoria *Raça* foi apropriada em um outro sentido. Os Movimentos Negros, em dado

---

[17] Vide discussão em NASCIMENTO, Elisa Larkin. *O Sortilégio da Cor*: identidade, raça e gênero no Brasil. São Paulo: Summus, 2003.

[18] Sobre esta temática, confira os trabalhos de: SCHWARCS, Lilia K. Moritz. *O espetáculo das raças*: cientistas, instituições e questão racial no Brasil (1870 – 1930). São Paulo: Companhia das Letras, 1993; *idem*. Raça como negociação: sobre teorias raciais em finais do século XIX no Brasil. In: FONSECA, Maria Nazareth Soares (Org.). *Brasil afro-brasileiro*. Belo Horizonte: Autêntica, 2000. p. 11-40; SKIDMORE, Thomas E. *Preto no branco*: raça e nacionalidade no pensamento brasileiro. Tradução de Raul de Sá Barbosa. Rio de Janeiro: Paz e Terra, 1974; MUNANGA, Kabengele. *Rediscutindo a mestiçagem no Brasil*: identidade nacional versus identidade negra. Petrópolis: Vozes, 1999.

momento de sua luta pela superação das desigualdades, assumiu a existência de *Raça Negra*. Não se tratou, aqui, de inverter o argumento do discurso eugênico e sugerir que Negros são superiores aos outros. Antes, o objetivo foi afirmar uma identidade afro-descendente e uma contribuição efetiva à formação da identidade brasileira. Afirmar a *Raça Negra* implicou, então, sugerir uma alternativa à memória histórica – sempre pensada a partir da Europa –, incluindo nela a herança construída pelos milhões de afro-descendentes. A adoção da categoria *raça*, neste sentido, constituiu-se em estratégia ideológica para denunciar a discriminação. Foi a experiência da discriminação que produziu uma identificação, traduzida pela categoria *Raça* – agora acrescida de um valor positivo[19].

O mito da democracia racial

Problematizar o *mito da democracia racial*[20] implica a consideração de um aparente paradoxo: a exaltação da miscigenação como mecanismo de discriminação racial. Surgida em meados do século XIX, a partir da sugestão de Alexander Von Martius, a ideia que fundamenta o *mito da democracia racial* é a de que o Brasil é um país singular, pois foi

---

[19] Sobre a apropriação positiva desta categoria, ver: GUIMARÃES, Antônio Sérgio Alfredo. 'Raça', racismo e grupos de cor no Brasil. *Estudos Afro-Asiáticos,* Rio de Janeiro, n. 27, p, 45-63, 1995; *idem. Racismo e anti-racismo no Brasil.* São Paulo: Editora 34, 1999; *idem. Classes, raças e democracia.* São Paulo: Editora 34, 2002; GOMES, Nilma Lino. Alguns termos e conceitos presentes no debate sobre relações raciais no Brasil: uma breve discussão. In: *Educação anti-racista*: caminhos abertos pela Lei Federal nº 10.639/03. Secretaria de Educação Continuada, Alfabetização. Brasília: Ministério da Educação, 2005, p. 39-62.

[20] Embora já não se sustente mais o mito da democracia racial, na prática, observamos que suas marcas estão impregnadas nas práticas sociais cotidianas e (re)vitalizadas e metamorfoseadas nas microrrelações de variadas formas e em variados graus. Urge a necessidade de ação ativa e constante daqueles que compreendem que essas incorporações – materializadas em ações concretas – não se desintegram com meras constatações, ou cumprimento de leis e decretos, a subversão desse quadro se dará pela reação conjunta da sociedade brasileira – do segmento negro e não-negro, numa política de efetivo respeito às diferenças étnico-raciais e ao favorecimento de permanente diálogo entre iguais – para além da complacência e da tolerância. Conferir: MUNANGA, Kabengele. *Op. cit.*, 1990; CARVALHO, José Murilo de. Terra do nunca: sonhos que não se realizam. In: BETHEL, Leslie (Org.). *Brasil*: fardo do passado, promessa do futuro. Rio de Janeiro: Civilização Brasileira, 2002. p. 45-76.

formado a partir da contribuição de três elementos: o branco, o índio e o negro. A ideia é original e serviu sobremaneira ao contexto enfrentado pelo Segundo Reinado – marcado pelas chamadas revoltas provinciais e pela tensão constante das províncias em relação à Corte, no Rio de Janeiro –, pois oferecia uma versão da gênese da nação brasileira que incluía todos os elementos.

No entanto, ao considerarmos o grau e a natureza da contribuição de cada um dos elementos, percebemos de que maneira o *mito* serve tanto à integração quanto à discriminação. O *mito* encaminha duas matrizes de compreensão do passado: uma é inclusiva – todos os elementos contribuíram para a formação da sociedade brasileira; outra é excludente – a contribuição foi desigual. Enquanto o branco teria contribuído com os princípios da civilização (caracteres culturais fundamentais, princípios morais, instituições políticas, conhecimento sistematizado, coragem, tenacidade e atributos correlatos), o negro e o índio teriam contribuído com a força de trabalho e com acréscimos que constituiriam a nossa identidade e nosso folclore (gostos alimentares, festas, ritmos, lendas e uma afetividade expansiva).

O paradoxo, como se pode perceber, é aparente. Se, por um lado, ele iguala todos os envolvidos, por outro ele institui uma hierarquia baseada nos valores com que cada um dos elementos participou da construção do Brasil. O *mito* sugere – ao final – que embora a nação seja resultado de um congraçamento (a miscigenação), cada um dos elementos ocupa lugar distinto: *índios* e *negros* estão em posição secundária e subalterna em relação ao elemento *branco*.

Os desdobramentos do *mito* podem ser percebidos sem dificuldade. Um dos mais evidentes e conhecidos é o que ficou conhecido como *ideologia do branqueamento*[21], segundo a qual a miscigenação seria a solução para o problema brasileiro. O discurso subjacente guarda

[21] Conferir discussão ampliada em: DOMINGUES, Petrônio José. Negros de Almas Brancas? A Ideologia do Branqueamento no Interior da Comunidade Negra em São Paulo. *Estudos Afro Asiáticos*, Rio de Janeiro, v. 24. n. 3, p. 563-599, 2002; BENTO, Maria Aparecida Silva. Branqueamento e branquitude no Brasil. In: CARONE, Iray; BENTO, Maria Aparecida Silva (Org.). *Psicologia social do racismo*: estudos sobre branquitude e branqueamento no Brasil. Petrópolis: Vozes, 2002. p. 25-53.

a ideia de que o ideal para o País seria a fusão (a palavra é estranha, mas perfeitamente adequada ao propósito pensado) das qualidades intelectuais do *branco* com a força física e a capacidade de adaptação aos trópicos de *negros* e *índios*, porém os desdobramentos na escola são profundos e promovem a negação destes, inclusive, no conteúdo produzido pela escola[22].

Assim, a narrativa que demarca a constituição da nação constitui, ela mesma, uma escala de prestígio – quanto mais próximos do *branco*, maior a distância dos atributos que remetem à condição de força de trabalho, de subalternidade, de inferioridade. Não obstante, ela serve, também, para fundamentar o discurso que nega o racismo: resultado do congraçamento de três *raças* distintas, o Brasil não conheceria a discriminação racial. Assim, as diferenças teriam de ser explicadas por outro viés, como o econômico.

A exaltação do *mulato* é típica da preponderância e da amplitude do *mito*. Pródiga em nosso cancioneiro popular, ela testemunha a preocupação constante em aprofundar a ideia de integração e a ausência de inclinações racistas[23]. É verdade que em boa parte das músicas a mensagem subliminar aponta que, para o bem ou para o mal, "a cor não pega".

O *mulato*, no entanto, não foi o único a ser exaltado. A miscigenação e a *ausência* de preconceito racial foram subliminarmente promovidas por alguns governos. Os governos de Getúlio Vargas, especialmente o primeiro, fomentou políticas de valorização da cultura brasileira, nas quais a narrativa constante no *mito da democracia racial*

---

[22] Conferir os trabalhos de: MUNANGA, Kabengele. *Op. cit.*, 1990; SKIDMORE, Thomas E. Taking Stock: Studying Brazilian Race Relations Today. Texto apresentado no Seminário *Que país é este: imaginação social e interpretações do Brasil*. Rio de Janeiro: [S.n.], 1999.

[23] Ver: QUEIROZ JÚNIOR, Teófilo de. *Preconceito de Cor e a Mulata na Literatura Brasileira*. São Paulo: Atlas, 1982; MOTTA-MAUÉS, Maria Angélica: Da 'branca senhora' ao 'negro herói': a trajetória de discurso racial. *Estudos Afro-Asiáticos*, Rio de Janeiro, n. 21, p. 119-129, dez. 1991; ARAÚJO, Joel Zito Almeida de. *A Negação do Brasil*: o negro na telenovela brasileira. São Paulo: SENAC, 2000; FONSECA, Maria Nazareth Soares. Visibilidade e Ocultação da Diferença: imagens de negro na cultura brasileira. In: *idem* (Org.) *Brasil Afro-Brasileiro*. Belo Horizonte: Autêntica, 2000. p. 88-115.

esteve sempre presente. Tome-se em conta o ocorrido com o carnaval, com a nacionalização dos enredos das escolas de samba e o incentivo para a adoção de temas que contassem a história do País segundo a versão hegemônica.

Durante o governo militar, deu-se o mesmo. Segundo Edward Telles,[24] os militares suprimiram qualquer tentativa de desconstrução do *mito*, fosse da parte do meio acadêmico, fosse da parte da sociedade civil. Recusavam, formalmente, qualquer manifestação contrária a ideia de que constituíamos uma comunidade pautada na harmonia. Evidência dessa postura é um relatório do Ministério das Relações Exteriores, de 1970, no qual se encontra a seguinte afirmação: "Tenho a honra de informar-lhes que, como não há racismo no Brasil, não há necessidade de tomar medidas esporádicas de natureza legislativa, judicial ou administrativa para assegurar a igualdade de raças no Brasil".

O racismo, portanto, era visto como uma prática estranha à experiência brasileira. O *mito* encaminhava a ideia de que as diferenças não provinham de uma política de segregação ou da consideração das *raças*, mas resultavam da contribuição desigual e da *aptidão* que cada um dos elementos demonstrara na constituição da sociedade brasileira. Uma leitura mais atenta, todavia, revela a nocividade subjacente ao *mito*. A hierarquia instituída por ele, na qual o branco ocupava o lugar de ordenador da sociedade e beneficiário dos seus dividendos, transformava a exaltação da miscigenação na recusa dos outros elementos.

Foi necessário um movimento daqueles negativamente atingidos pelo *mito*, para que a sociedade brasileira enfrentasse a discussão dos lugares subalternos a que estavam relegados o *negro* e o *índio*. As populações indígenas, por um lado, e os afro-descendentes, por outro, provocaram uma reavaliação do *mito* e a revisão de seu pressuposto fundamental: a ausência de racismo. A partir daí, a sociedade civil e o Estado têm tentado – não sem atritos – de enfrentar o problema. Vejamos, então, como essa revisão surgiu, considerando a contribuição do Movimento Negro.

---

[24] TELLES, Edward Eric. *Op. cit.*, 2003.

O Movimento Negro

Menos que traçar um histórico do Movimento Negro[25], nosso objetivo a seguir é pontuar os aspectos condicionantes de sua formação. Também, é preciso deixar claro, não é nosso objetivo divulgar ou julgar as ações do movimento. Antes, pretendemos apontar a sua importância para a revisão das atitudes em relação ao *mito da democracia racial* e, consequentemente, a uma tomada de postura do Estado brasileiro em relação à situação desigual na qual se encontra a imensa maioria dos identificados como negros.

Certamente que a gênese do Movimento Negro está associada à conscientização da diferença. Evidentemente que, em uma sociedade de passado escravista, todos os seus componentes têm consciência das diferenças – pelo menos foi assim no Brasil. Durante décadas após o fim da escravidão, não pareceu necessário qualquer política que revertesse a condição primeira das populações antes escravas. Livres, todos sabemos disso, os ex-escravos permaneceram desempenhando as atividades mais rudimentares, difíceis e perigosas e, também, pior remuneradas.

A conscientização da diferença, de forma a transformá-la em atitude política, no entanto, encontrava um obstáculo. A identidade brasileira pautava-se na ideia da ausência da discriminação. Ainda que, na vida cotidiana, a diferença fosse evidente – com as entradas de serviço (pelas quais transitavam quase que só os *de cor*) e com a ausência da *cor* nas universidades, na administração pública e em qualquer atividade que não estivesse relacionada ao esporte ou à cultura (popular, bem entendido) –, afirmá-la como índice identificador significava negar um dado importante do que se entendia por *ser brasileiro*.

Reconhecer a discriminação significava reconhecer, também, a falácia presente na narrativa mítica da construção do Brasil. A ideia da

---

[25] Sobre o Movimento Negro, ver: HANCHARD, Michael. *Orfeu e o poder*: movimento negro no Rio de Janeiro e São Paulo. Tradução de Vera Ribeiro. Rio de Janeiro (1945-1988). Rio de Janeiro: EDUERJ, 2001; CARDOSO, Marco Antônio. *O movimento negro em Belo Horizonte*: 1978-1998. Belo Horizonte: Mazza Edições, 2002; GARCIA, Januário (Org.). *25 anos 1980-2005*: movimento negro no Brasil (25 years of the black movement in Brazil). Brasília: Fundação Cultural Palmares, 2006.

harmonia – cara ao *mito* – constituía o cancioneiro popular, o conteúdo histórico dos livros didáticos e da Educação Fundamental e a identificação do *ser brasileiro*. Romper com ela, romper com o *mito*, portanto, não era tarefa fácil. A hierarquia estabelecida pelo *mito* elege o branco/europeu como o ápice da escala e, assim, como o arquétipo a ser alcançado. A *ideologia do branqueamento*, desdobramento que é do *mito*, encaminha a negação dos demais elementos, associados que estão à subalternidade.

Nesse sentido, talvez, a inflexão que resulta no Movimento Negro tenha tido enorme influência de movimentos políticos estrangeiros. Em outros países, marcadamente os Estados Unidos da América do Norte, nos quais a questão racial não encontrava qualquer construção ideológica de caráter similar ao *mito* brasileiro, a transformação do reconhecimento da diferença em luta política ocorreu de forma explícita e célere.

Conforme apontou Michel Hanchard (2001)[26], a homogeneização que constitui a identidade brasileira foi um entrave à identificação de afro-descendentes. O caráter da identidade brasileira é justamente a exclusão das diferenças, ainda que o apelo à inclusão apareça com recorrência. Reconhecê-las e ressaltá-las – ainda que com o objetivo de dirimi-las – implica, em alguma medida, fragilizar a própria identidade. Afirmar uma identidade negra e instituir uma solidariedade entre os elementos que a constituem foram (e continuam entre outros) os primeiros objetivos do Movimento Negro brasileiro. Foi no contexto dessas duas iniciativas que se deu uma valorização da figura do negro e a revisão das narrativas históricas, de forma a redimensionar o espaço das civilizações africanas no que se entendia ser a História Universal. Kabengele Munanga, no entanto, classifica tais iniciativas de "míticas". Elas buscavam romper com o padrão do preconceito por meio da construção de outros *mitos* e não pela desconstrução dos existentes.

A atuação política das populações negras pode ser percebida desde o período anterior ao fim da escravidão. A produção historiográfica recente tem enfatizado a importância da atuação da população negra

---

[26] HANCHARD, Michael. *Op. cit.*, 2001.

(escrava e liberta) nas lutas pela Abolição. Na década de 1930, no entanto, é que vemos aparecer o primeiro espaço genuinamente político, a Frente Negra Brasileira. Nos anos seguintes, assistiu-se à emergência de várias outras agremiações com o mesmo fim, como o Movimento Brasileiro contra o Preconceito Racial, a Associação dos Brasileiros de Cor, a União Nacional dos Homens de Cor, a Associação José do Patrocínio e o Movimento Afro-Brasileiro de Educação e Cultura. Na década de 1940, foi fundado o Teatro Experimental do Negro[27], a partir de onde surgiu o Comitê Democrático Afro-Brasileiro, com vistas à luta pela libertação de presos políticos. O Teatro Experimental do Negro promoveu, ainda, a Convenção Nacional do Negro Brasileiro e a Conferência Nacional do Negro.

Em 1950, ocorreu o *1° Congresso do Negro Brasileiro*. Foi um evento muito importante, porque foi concebido como uma resposta aos que tomavam as populações afro-descendentes exclusivamente como objeto de estudo, sem considerá-las como produtoras de conhecimento. A partir da década de 1970, a organização negra se intensificou e surgiram diversas organizações voltadas para a valorização do negro e para a conquista e defesa de sua cidadania. A pauta dessas organizações foi, em grande parte, a mesma: luta contra a discriminação e o preconceito; denúncia do caráter violento do mito da "democracia racial"; formulação e discussão de alternativas para a diminuição do enorme descompasso existente no Brasil, entre as populações brancas e as não-brancas (negras, em especial).

Ainda em 1970 e, especialmente, com a proximidade do Centenário da Abolição, no Brasil, o Movimento Negro se tem encaminhado no sentido de tornar sua luta mais objetiva. Desde a abertura política – pós-Regime Militar –, essa nova orientação alterou sobremaneira o panorama político e social no Brasil. O cenário político passou a contar com elementos reconhecidamente negros – vereadores, deputados e senadores – e a pauta de reivindicações passou a defender atitudes pontuais que ajudassem na reversão da condição de subalternidade em que se

[27] Para dados pormenorizados, ver: NASCIMENTO, Elisa Larkin (Org.). *Abdias Nascimento 90 Anos* – Memória Viva. Rio de Janeiro: IPEAFRO, 2006.

encontrava (e se encontra) grande parte da população identificada como negra ou afro-descendente.

Dilemas

O Brasil vive uma situação singular. A discriminação pautada na cor e o racismo são uma realidade inegável. Certamente, eles são mais evidentes para aqueles que os sofrem. Mas qualquer observador atento perceberá que, para além do discurso da harmonia, a discriminação e o preconceito vicejam. Os sinais de trânsito e as marquises repletas de crianças negras, pardas, *mulatas*, *sararás* e de outras variações de cor, bem ao sabor do senso comum, são o testemunho da discriminação vivida no Brasil.

No entanto, discriminação e preconceito convivem com a ideia reinante – essa, sim, percebida por todos – de que somos um povo *especial*. Ao contrário de outros lugares do mundo, nos quais proliferam os conflitos étnicos, com estratégias de extermínio e/ou limpeza racial, no Brasil a discriminação e o preconceito não se desdobraram em conflito político de modo a cingir o País. Mas, nem por isto, problemas relacionados à discriminação, aqui, são raros, muito ao contrário, apesar da sua incidência baseada no "Racismo à brasileira" –, pois convivemos com suas mazelas simbólicas ou não, cotidianamente. Compreender o Brasil é entender essa singularidade e, tendo-a compreendido, aproveitar-se dela para construir uma sociedade na qual os *mitos* sejam desnecessários e as diferenças pautadas em critérios fenotípicos, como sinônimo de inferioridade, inexistentes, especialmente no "Paraíso Racial".

CONCEPÇÕES POLÍTICO-EDUCACIONAIS EXCLUDENTES NOTAS EM CURSO

Wilma Baía Coelho
Felipe Tavares de Moraes
Rafaela Paiva Costa

A República foi proclamada em 15 de novembro de 1889. Junto com a Abolição do sistema escravista, em 1888, a data representou, em nível jurídico-institucional e social, a ruptura com o regime imperial. Ele provocou mudanças nas estruturas sociais, as quais acabaram por engendrar o imperativo da formulação de um projeto político pela classe dominante, a qual pretendia cunhar a Nação e os meios de sua legitimidade, por meio da utilização de um instrumental cientificista, notadamente raciológico, com a finalidade de introdução do País nos quadros da civilização ocidental.

Um dos instrumentos para a concretização desse projeto foi a *Instrucção* (Educação), concebida como um meio eficiente e científico de introdução e controle dos *rudes patrícios*, como cunhou Euclides da Cunha. A Educação traria, assim, os "benefícios" da *civilização* e do *progresso*. A Amazônia não ficou imune àquelas questões. A formulação de um modelo educacional, na figura da reformulação da *Instrucção Pública*, que possibilitasse o *ordenamento* da população em direção ao *progresso civilizacional*, foi objeto de debate no meio político e intelectual paraense.

Em relação a esse contexto, pretende-se analisar, em brevidade, três aspectos: a concepção e a política educacionais presentes no discurso de intelectuais e autoridades públicas ligadas à problemática educacional; perscrutar como essa concepção se materializou no cotidiano escolar, por meio dos *materiais didáticos* utilizados no Ensino Primário; e por fim, verificar o nexo de continuidade na atualidade desse modelo educacional hegemônico, quanto ao trato com a Diferença, e o seu reflexo na prática pedagógica.

A raça e o dilema brasileiro

Para debruçarmo-nos nas questões que objetivam este trabalho, é preciso contextualizar, em linhas gerais, a Primeira República. Aqui, vamos nos deter na percepção da inquietação dos intelectuais sobre os destinos da recentemente proclamada República. Neste sentido – e para não irmos muito longe – desde 1870, com a *Escola de Recife*, debatiam-se as ideias de *nação* e *nacionalidade* – de *brasilidade* –, como também um projeto político que as concretizasse no plano jurídico-institucional.

Lilia Schwarcz[28] e Thomas Skidmore[29] afirmam que essa busca teve como modelo analítico de percepção da realidade brasileira as chamadas teorias raciológicas, as quais utilizavam critérios biológicos, percebendo as sociedades humanas de forma hierárquica, dividindo-as em "superiores e inferiores". Tais formulações cristalizaram-se no evolucionismo cultural e darwinismo social. Neste sentido, julgamos necessária uma breve digressão sobre essas teorias deterministas e cientificistas e a sua apropriação original pelos intelectuais brasileiros.

Até o final do século XVIII, ainda não se tinha forjado a noção de *raças* diferentes[30]. É no início do século XIX, com Georges Cures, que se

---

[28] SCHUWARCZ, Lilia Moritz. *O espetáculo das raças*: cientistas, instituições e a questão racial no Brasil (1870/1930). São Paulo: Companhia das Letras, 1993.

[29] SKIDMORE, Thomas Skidmore. *Preto no branco*: raça e nacionalidade no pensamento brasileiro. Tradução de Raul de Sá Barbosa. Rio de Janeiro: Paz e Terra, 1976.

[30] Ibidem; VENTURA, Roberto Ventura. *Estilo Tropical*: história cultural e polêmicas literárias no Brasil, 1870-1914. São Paulo: Companhia das Letras, 1991; MATTA, Roberto da.

introduz o conceito de *raça*, denotando a existência de heranças físicas próprias dos diversos grupos humanos. Isto configurou uma reação aos postulados humanistas de compreensão da unidade do gênero humano, pois viabilizou a conformação de um discurso racial que, para compreender as sociedades, compreendia ser necessário atentar para "as determinações do grupo biológico do que sobre o arbítrio do indivíduo"[31].

No debate entre a concepção equitativa do Iluminismo e os princípios deterministas das teorias raciais, voltava-se à discussão sobre a origem da humanidade. Os envolvidos na discussão dividiam-se em monogenistas e poligenistas[32]. Mas, em 1859, com a publicação de *A origem das espécies*, de Charles Darwin, as distinções entre os debatedores foram amenizadas, pois o impacto de suas conclusões constituiu-se em *paradigma comum*. Desta forma, com os postulados advindos da obra de Darwin, ambas as concepções adotam o *modelo evolucionista*, e dão uma nova conotação para o conceito de *raça* que, além da dimensão biológica, ganha um cunho político e cultural.

Dois foram os expoentes destes debates: Louis Agassiz e Arthur de Gobineau. O primeiro, por meio da obra *A Journey in Brazil (1868)*, sustentava a hipótese de que as *raças* humanas foram criadas por sucessivas mutações de diferentes espécies (o que indica a matriz poligênica de sua teoria). Agassiz buscava sustentar o seu argumento nas diferenças fisiológicas. Sua explicação para a inferioridade de algumas *raças* em relação ao *branco* (referia-se a *índios* e *negros*) pautava-se na ideia de espécies distintas. As diferenças físicas acabavam por se configurar em diferenças culturais. Essa concepção, de forma geral, tentava oferecer

---

Digressão: fábula das três raças, ou problema do racismo à brasileira. In: *idem*. *Relativizando*: uma introdução à Antropologia Social. Rio de Janeiro: Rocco, 1993, p. 58-85; SCHWARCZ, Lilia Moritz. *Op. cit.*, 1993.

[31] SCHWARCZ, Lilia Moritz. *Op. cit.*, 1993.

[32] A primeira compreendia que a humanidade tem uma origem una com os pressupostos bíblicos do Éden; como sendo gradiente, que vai do mais perfeito (próximo do Éden) ao menos perfeito; sem, em um primeiro momento, formular uma trajetória de evolução unilinear. A segunda seria baseada nos postulados das ciências biológicas, percebendo que a humanidade tem sua origem em várias fontes, desta forma contestando a monogenia da Igreja e acentuando, por meio da diferença, a diversidade racial observada.

uma explicação, que se pretendia científica, para a subjugação dos "não-brancos". Gobineau, no trabalho *Essai sur l'inegalitté des races humaines* (1853), concebia que as *raças* humanas, diversas entre si, podiam ser diferenciadas uma das outras, sendo a branca sempre superior às demais. Sustentava suas ideias em supostas evidências históricas, percebendo a *raça* como um componente central no desenvolvimento histórico, de acordo com os ditames do monogenismo. Ambas as formulações consideraram a *miscigenação* um processo de degradação sistemática, devido à mistura de caracteres físicos inatos entre elementos raciais desiguais.

Tais teorias possuíam forte conteúdo ideológico[33], pois foram concebidas por determinados grupos sociais, para a justificação dos seus interesses (em sentido amplo), tanto pela via do ocultamento (falsa consciência) das relações sociais quanto pela legitimação de suas ideias, fazendo com que os demais grupos as aspirem como as únicas possíveis de consideração[34]. No momento em que a escravidão tornava-se anacrônica, por inviabilidade econômica e pressão moral, os pensadores europeus ocupavam-se em sistematizar uma teoria das diferenças inatas entre as *raças*. Antes as hierarquias eram baseadas nas relações de produção que regulavam os sistemas escravistas; com o fim da escravidão, fazia-se necessário criar bases para a manutenção das hierarquias.

Mas, no início do século XIX, ainda não havia um pensamento racista sistemático. Ele emergiu na segunda metade do mesmo século, a partir de 1860, quando alcançou o *status* de argumento científico e a aceitação irrestrita de lideranças políticas e culturais na Europa e nos Estados Unidos. Foi a partir dessa década, com a consolidação e a expansão das relações capitalistas – fatores relacionados ao advento

---

[33] Quanto à discussão sobre ideologia, tomamos a matriz marxista. Ver: MARX, Karl; ENGELS, Friedrich. *A Ideologia Alemã*. Tradução de Frank Muller. São Paulo: CLARET, Martin, 2004; LÖWY, Michael. *Ideologias e Ciência Social*: elementos para uma análise marxista. São Paulo: Cortez, 1988; EAGLETON, Terry. *Ideologia: uma introdução*. Tradução de Luís Carlos Borges e Silvana Vieira. São Paulo: Editora da Universidade Estadual Paulista/Editora Boitempo, 1997; KONDER, Leandro. *A Questão da Ideologia*. São Paulo: Companhia das Letras, 2002; MÉSZÁROS, István. *O poder da ideologia*. Tradução de Paulo Cezar Castanheira. São Paulo: Boitempo Editorial, 2004.

[34] CHAUÍ, Marilena. *O que é ideologia*. São Paulo: Brasiliense, 1980.

da Segunda Revolução Industrial[35] – e o consequente desenvolvimento material de alguns países europeus e da América do Norte, que surgiram as condições necessárias para legitimar a suposta superioridade daquelas sociedades. Elas foram consideradas como detentoras dos atributos que definiam a *Civilização*, principalmente os biológico-raciais[36].

A segunda metade do século XIX, no Brasil, também se constitui em momento de inflexão. O sistema escravista se encontrava em crise, em função dos limites externos impostos a sua manutenção. A Lei de 1850 – extinguindo o tráfico no Atlântico – e a Lei do Ventre Livre, de 1871, inviabilizavam a escravidão como alternativa econômica e política. As alternativas à escravidão foram pensadas em uma sociedade às voltas com uma crise política – demarcada pela exigência de autonomia das províncias – e que tinha na agricultura cafeeira (dependente do braço escravo) um dos pilares de sua economia; entretanto os debates se deram diante da constatação do caráter *miscigenado* da população. Além destes fatores – relativamente claros para os agentes históricos envolvidos –, um outro deve ser levado em consideração: as hierarquias que organizavam as relações sociais permitem aos especialistas considerarem que o Brasil, ainda àquela altura, compreendia uma sociedade impregnada dos valores do Antigo Regime.

Estes dois últimos elementos são bastante elucidativos para percebermos o sucesso desses modelos explicativos deterministas e cientificistas no seio da intelectualidade brasileira. A perspectiva do fim da escravidão era vivida por uma sociedade constituída por sobre uma hierarquia baseada na cor da pele – um gradiente hierárquico que partia do *branco* até o *negro*. Qualquer alternativa, portanto, seria, como o foi, formulada tendo aquela hierarquia e as necessidades políticas e econômicas do período. Para muitos intelectuais e políticos, o País se encontrava diante de um dilema, de cuja solução dependia o seu futuro. Libertar os escravos, para vários deles, não significava incorporá-los à

---

[35] HOBSBAWN, Eric. *A Era do Capital*: 1848-1875. Tradução de Luciano C. Netto. Rio de Janeiro: Paz e Terra, 1982; *idem. A Era dos Impérios*: 1875-1914. Tradução de Simei Maria Campos e Yolanda S. de Toledo. Rio de Janeiro: Paz e Terra, 1988.

[36] SKIDMORE, Thomas. *Op. cit.*

sociedade brasileira, mas encontrar alternativas para diluí-los no gradiente hierárquico existente.

Daí a emergência e a força da chamada *ideologia do branqueamento*[37]. Segundo ela, a alternativa seria a importação de trabalhadores europeus, propensos à *miscigenação*. Assim, o País veria resolvidos alguns de seus problemas: em primeiro lugar, uma questão imediata, o problema da mão-de-obra, pois a suspensão do tráfico de escravos exigia uma nova alternativa como fonte de trabalhadores; em segundo lugar, um problema estrutural, o progresso da nação, já que a vinda de trabalhadores europeus facultaria ao País o material humano necessário a sua equiparação às nações civilizadas. A *ideologia do branqueamento* consubstanciou a apropriação original das teorias raciológicas em voga naquele período, pois permitia conjugar a necessidade de integrar a população *mestiça* a um ideal de civilização, conforme afirma Roberto Ventura:

> "A valorização da mestiçagem e a ideologia do branqueamento foram contribuições originais que atenuaram, ainda que parcialmente, o racismo científico então dominante. Enquanto Nina Rodrigues e mesmo Euclides da Cunha pensavam a miscigenação como sinônimo de degeneração, Romero propôs o 'branqueamento' como saída para reabilitar as raças 'inferiores', integradas à civilização, ao serem extintas pela mistura progressiva [...] uma 'solução' para o dilema racial que escapava às previsões pessimistas sobre o futuro da civilização no Brasil, sem contestar, porém, os fundamentos do racismo[38].

Mas as teorias raciológicas não reinaram absolutas, como sustentáculo das políticas de fomento ao progresso. A preocupação com

---

[37] Além do trabalho de Roberto Ventura (*Op. cit.*), conferir discussão sob outra perspectiva teórica em: DOMINGUES, Petrônio José. (Negros de alma branca? A ideologia do branqueamento no interior da comunidade negra em São Paulo. *Estudos Afro-Asiáticos*, Rio de Janeiro, ano 28, n. 3, p. 563-599, 2002; e BENTO, Maria Aparecida Silva. Branqueamento e branquitude no Brasil. In: CARONE, Iray; BENTO, Maria Aparecida Silva. (Org.). *Psicologia social do racismo*: estudos sobre branquitude e branqueamento no Brasil. Petrópolis: Vozes, 2002. p. 25-53.

[38] VENTURA, Roberto. *Op. cit.*, p. 61.

a Educação foi uma constante, tanto durante o Império quanto na Primeira República. A Educação era vista como um dos caminhos para a redenção do País, no sentido de que ela, também, viabilizaria o acesso aos *benefícios da civilização*. Assim, Educação e Miscigenação[39] constituiriam as duas matrizes de transformação da sociedade brasileira e, não por outra razão, serão vistas, a seguir, como inter-relacionadas.

A Província do Pará e o dilema brasileiro

O século XIX paraense é demarcado pela economia gomífera. Fundamentalmente extrativista, ela enfrentou, por razões diversas àquelas vividas pela economia cafeeira, o problema da mão-de-obra. A exploração do látex sofreu uma enorme expansão a partir da *descoberta* dos processos de vulcanização. A demanda dos países em franco processo de industrialização cresceu exponencialmente, de forma que a produção teve de acompanhá-la. Para tanto, os empresários da borracha promoveram a incorporação de migrantes nordestinos.

As relações de produção construídas pela economia gomífera pautavam-se pela concentração de riqueza nas mãos dos empresários. Os trabalhadores arcavam com todas as despesas de transporte, estabelecimento e manutenção, além da aquisição dos instrumentos de trabalho. Tudo, no entanto, era fornecido pelos empresários, que, assim, obtinham o maior lucro possível do trabalho dos seringueiros: adquirindo o que necessitavam dos barracões dos próprios empresários, pelos preços estabelecidos por estes últimos, os trabalhadores transferiam para os seringalistas todo o resultado de seu trabalho e permaneciam em dívida.

Os ganhos advindos da economia gomífera constituíram uma nova elite. As primeiras gerações de empresários enviaram seus filhos para temporadas de estudo na Europa ou em outras províncias e na Corte e, com isso, os padrões europeus cedo se transformaram no

---

[39] Numa leitura antropológica acerca da Miscigenação, na atualidade, ressaltamos o trabalho de MUNANGA, Kabengele. *Rediscutindo a mestiçagem no Brasil*: identidade nacional versus identidade negra. Petrópolis: Vozes, 1999.

paradigma a ser alcançado. Belém, a capital da província, foi uma das manifestações mais evidentes dos novos parâmetros – praças e prédios de inspiração europeia foram erguidos. Também na Educação verificou-se com a Educação, todavia, manifestam a adoção dos parâmetros europeus – liceus, cartilhas e currículos expressavam influência francesa, especialmente.

Assim, ainda que no Pará o fim da escravidão não tivesse sido o elemento determinante para a adoção de ideias provenientes da Europa e da América do Norte, o fato é que elas foram incorporadas às formas de pensar a sociedade naquele período. Mais que isso, os parâmetros em voga nos ambientes intelectuais e políticos da Europa e da Corte serão determinantes para a conformação das formas de pensar a Província e o seu futuro.

Os modelos europeus que demarcaram o processo de modernização da cidade de Belém alcançaram a questão educacional, por meio das formulações e discursos[40] dos intelectuais e autoridades empenhadas em reorganizar a *Instrucção Pública* – antes era dominada pelo modelo jesuítico e escolástico de educação, com traços nítidos de catecismo[41]– de acordo com os modelos teóricos então em voga na Europa.

Consideremos o que propunha um importante intelectual[42], diretor da Instrução Pública que, influenciou diretamente o órgão que dirigia.

---

[40] A noção de discurso (enunciado) é baseada nos postulados de Mikhail Bakhtin (*Marxismo e filosofia da linguagem*. Tradução de Michel Lahud e Yara Frateschi Vieira. São Paulo: Hucitec, 1997); ver também FIORIN, José Luiz. *Introdução ao pensamento de Bakhtin*. São Paulo: Ática, 2006. Para Bakhtin, a linguagem é dialógica, formada por enunciados que têm por referência outros enunciados; assim, determinado enunciado afirma ou nega aquele que toma por referência; esses enunciados são dotados por elementos ideológicos de várias vozes sociais. Neste caso, o discurso dos intelectuais e autoridades se opõe, no âmbito educacional, ao paradigma jesuítico escolástico, oferecendo em seu lugar um modelo educacional que pretende engendrar a civilização.

[41] Sobre o desenvolvimento da Instrução Pública no Pará, principalmente o período anterior a 1890, consultar: CRUZ, Ernesto. *História do Pará*. Belém: Universidade do Pará, 1963.

[42] A definição de intelectual apropriada é a peculiar às formulações de Antonio Gramsci (*Os intelectuais e a organização da cultura*. Tradução de Carlos Nelson Coutinho. Rio de Janeiro: Civilização Brasileira, 1989). A figura do intelectual orgânico tem por função, em suas elucubrações teóricas, legitimar os interesses da classe a qual pertence, procurando vias de torná-la hegemônica, por meio de sua concepção de mundo (ideias, cultura, etc.)

José Veríssimo esteve à frente da Instrução Pública por pouco mais de um ano. Todavia, conforme registrou um governador do Estado, anos depois, Veríssimo ocupou a pasta durante um período crucial, quando foram estabelecidas as diretrizes para os anos subsequentes[43]. Ele se constitui, então, em baliza importante para analisarmos a forma pela qual a Educação era pensada no Pará, nos inícios do período republicano.

Nos trabalhos de José Veríssimo, pode-se perceber três matrizes teóricas raciológicas e deterministas: Evolucionismo, Naturalismo e Positivismo[44]. Nesse sentido, Veríssimo vê na *miscigenação* e na educação os caminhos para a regeneração das *raças* inferiores (ameríndios e africanos), pela via do "branqueamento". Dois de seus trabalhos, "História da Literatura Brasileira" e "Estudos Amazônicos", apresentam a sua visão sobre a formação da população brasileira e, especialmente, da população da Amazônia como relacionadas àquelas matrizes. Para ele, a população amazônica se forma por meio da *miscigenação* dos três elementos já conhecidos – *brancos*, *negros* e *índios*. Ao primeiro elemento caberia, evidentemente, a posição de liderança, diante do caráter degenerado dos demais – em que pese ao fato de terem sido os portugueses miscigenados também. Em outro trabalho, "Pesca na Amazônia", descreve a vida dos ribeirinhos, ressaltando a dependência daquelas populações em relação aos rios e à floresta. Em todos os seus trabalhos, destaca o caráter *miscigenado* – que se constituía em um problema por si só, pois produzia degenerados – como o problema essencial, pois ele acarretava letargia e abatimento.

Os malefícios da *miscigenação*, no entanto, só seriam revertidos com a *miscigenação*. Veríssimo elegia o Povoamento e a Educação como

---

[43] Educação e instrucção. In: Mensagem apresentada ao Congresso Legislativo do Estado do Pará em sessão solenne de abertura da 3ª reunião de sua 10ª legislatura a 7 de setembro de 1920 pelo Governador do Estado do Pará Dr. Lauro Sodré. p. 58. Documento digitalizado pela Universidade de Chicago, disponível em: <http://brazil.crl.edu/bsd/bsd/u1041/000002.html>.

[44] BEZERRA NETO, José Maia. O homem que veio de óbidos: pensamento social e etnografia em José Veríssimo (1877/1920). *Anais do Arquivo Público do Pará*, Belém, v. 3, t. 2, p. 239-361, 1998. *Idem*. Os males de nossa origem: o passado colonial através de José Veríssimo. In: BEZERRA NETO, José Maia; GUZMAN, Décio de Alencar (Org.). *Terra matura*: historiografia e história social da Amazônia. Belém: Paka-Tatu, 2002. p. 39-65.

as únicas alternativas para a reversão dos males inerentes à população[45]. O povoamento por meio de elementos *brancos*, provenientes de outras regiões do País, aceleraria o processo de miscigenação, proporcionando o branqueamento da população. Assim, por meio da miscigenação, as populações amazônicas seriam regeneradas, física e intelectualmente.

É no plano educacional, todavia, que o pensamento de José Veríssimo se verifica de forma mais concreta. Ao contrário de suas ideias sobre o povoamento – sobre cuja aplicação se aguardam estudos pormenorizados –, as relativas à educação foram imediatamente aplicadas. Boa parte delas encontra-se na obra *A Educação Nacional*[46] e constituirão a política da instrução pública adotada a partir de 1890.

A Educação salvadora

O "Regulamento Geral da Instrucção Publica e Especial do Ensino Primario do Estado do Pará"[47] decretado pelo governador Justo Chermont em 1890 é um documento-chave, pois dele decorre um outro, "Direção Geral da Instrucção Publica. Ensino primario: regulamento escolar, programmas, horários e instrucções"[48] do mesmo ano, redigido pelo então diretor da Instrução Pública, José Veríssimo. Tais documentos, quando relacionados às ideias de José Veríssimo, permitem conceber as políticas educacionais adotadas a partir de então.

---

[45] BEZERRA NETO, José Maia. *Op. cit.*, 1998, p. 250.

[46] Para uma discussão mais aprofundada desta obra de José Veríssimo, consultar: PRESTE, Carlos Alberto Trindade; ARAÚJO, Waldir Lisboa. *A Concepção de Educação de José Veríssimo na obra "A Educação Nacional"*. Dissertação (Especialização). Pós-Graduação em Literatura e suas interfaces – Universidade do Estado do Pará, Belém, 2006.

[47] "Regulamento Geral da Instrucção Publica e Especial do Ensino Primario do Estado do Pará". Typographia da "A província do Pará", de Antonio Lemos – Travessa do Passarinho, n. 17 – Pará – 1890. In: Arquivo Público do Estado do Pará. Secretaria do Governo. Série: Portarias diversas. Códice: 1890.

[48] PARÁ. Biblioteca "Artur Vianna" (Centur). *Direção Geral da Instrucção Publica. Ensino primario: regulamento escolar, programmas, horários e instrucções pedagógicas para as escolas do Estado do Pará. Belém*, 1890.

Um dos primeiros aspectos a destacar é o caráter pragmático da Educação. Tal pragmatismo pode ser percebido em dois níveis de aplicação: primeiramente, num nível imediato – a Educação deveria fornecer ao aluno o instrumental necessário para que ele agisse em seu cotidiano; depois, em um nível estrutural – a Educação deveria constituir os valores morais e cívicos. Profundamente informada pelo Positivismo, tal como ele fora apropriado no Brasil, a Educação, nesse sentido, era vista como uma alternativa para o alcance do progresso e a manutenção da ordem vigente.

A cultura europeia surge, naqueles documentos, como a principal baliza da formação oferecida: a chave para a consolidação da Civilização. Por conseguinte, tudo o que se distanciasse dela deveria ser negado ou minimizado. Os dois elementos formadores da nacionalidade, mas distantes do padrão europeu, deveriam, portanto, ser suprimidos. Nesse sentido, a Educação projetada estava de acordo com os anseios daqueles que pretendiam ver a nação regenerada, a partir da adoção dos parâmetros pseudocientíficos formulados na Europa da segunda metade do século XIX.

Na prática escolar, esse modelo educacional, de formação para a ordem e para o progresso da tão almejada *nação brasileira*, foi sistematicamente materializado nos manuais escolares ou didáticos[49], que, à época, eram representados principalmente pelos chamados *livros de leitura*. Esses livros eram utilizados para o ensino da leitura e da escrita nas séries primárias. Seu conteúdo – a história da colonização e dos grandes personagens, hinos, poemas, etc. – acabava dando conta da formação patriótica, moral e ordeira proposta pelo

[49] Citando Maria Del Mar Andrés (Antônia Carlos da Luz Correa & Vivian Batista da Silva. Saberes em viagem nos manuais pedagógicos (Portugal – Brasil). *Cadernos de Pesquisa*, São Paulo, v. 34, n. 123, p. 613-632, set./dez. 2004. Disponível em: <http://www.scielo.br/scielo.php?pid=S0100-15742004000300006&script=sci_arttext>. Acesso em 20 ago. 2007) esclarecem a falta de consenso entre os pesquisadores que se debruçam sobre esses livros escritos para a educação formal – *livros-texto, manuais* ou *livros escolares,* etc. -, sobretudo pela própria falta de produção sólida na área, ainda que não haja dúvida com relação à importância desse material. Dessa forma, nós nos permitimos a utilização de quaisquer termos, com destaque para *manuais* ou *livros escolares.*

Estado. Não se pode deixar de considerar, em relação a este fato, que o Estado selecionava os livros de leitura a serem utilizados – inicialmente por meio do Conselho Superior de Instrução Pública e depois pela Diretoria Geral de Instrução Pública – e, inclusive, disponibilizava-os gratuitamente, pelo menos à população mais pobre das séries iniciais[50].

A utilização de manuais, evidentemente, foi iniciada décadas antes[51]. Foi, contudo, a atenção dispensada à Educação pelo regime republicano o que potencializou o seu uso, sob novas bases. Uma vez que o regime – influenciado, ele também, pelo pensamento positivista – acreditava na Educação como "signo do progresso", a instrução pública foi impulsionada. Foram fundados os grupos escolares, renovados os métodos[52] e a organização didático-pedagógica, cuja bandeira agora era a da "educação popular" – disseminada na Europa desde a primeira metade do século XIX, sobretudo na França, país de grande influência cultural sobre o Brasil e suas instituições. Dava-se, assim, à escola primária uma finalidade nacionalizadora, cívica e moral, segundo o programa ideológico da República, reorganizando o espaço e o tempo escolar a partir de um novo método de ensino-aprendizagem. O Estado republicano também passou a controlar,

---

[50] RAZZINI, Márcia de Paula G. *A livraria Francisco Alves e a expansão da escola pública em São Paulo*. I Seminário Brasileiro sobre Livro e História Editorial, Rio de Janeiro, 2004. Disponível em: http://reposcom.portcom.intercom.org.br/dspace/bitstream/1904/17510/1/R1850-1.pdf. Acesso em 20 ago. 2007.

[51] CORRÊA, Carlos Humberto Alves. *Manuais, paleógrafos e livros de leitura:* com quais materiais se formavam os leitores nas escolas primárias de antigamente?. Seminário Constituição do leitor: memória, 2005. Disponível em: http://www.fe.unicamp.br/alle/textos/CHAC-ManuaisPaleografosLivros.pdf. Acesso em 20 ago. 2007.

[52] "Os Grupos Escolares, espaços especialmente projetados para o funcionamento de escolas, generalizaram a aceitação do *método simultâneo* como forma de organização do tempo e do espaço escolar, permitindo a ação do professor sobre vários alunos simultaneamente [...] o que facilitava a execução de um programa de estudos unificado e graduado. Essa forma de organização se opunha ao *ensino individual*, método mais comum até então, onde o professor ensinava separadamente cada aluno, um após outro, dedicando a cada um poucos minutos para a sua particular e lenta progressão, enquanto os outros deviam trabalhar em silêncio e sozinhos" (RAZZINI, Márcia de Paula G. *Op. cit.*, p. 3.).

desde o início, a adoção de livros escolares nas escolas públicas sob a alegação tanto da necessidade de uniformização do ensino[53] quanto do fato de que era o legislador que definia programas e currículos e, também, o principal comprador do produto[54].

Produzidos em diversas localidades, a maior parte daqueles livros teve circulação circunscrita a contextos mais regionais; entretanto, não podemos deixar de mencionar a notoriedade de autores como Joaquim Pedro Corrêa de Freitas (sobretudo durante o período imperial, mas que teve pelo menos uma de suas obras revisada e editada após a Proclamação da República, sendo utilizada principalmente nas escolas primárias do Amazonas até as primeiras décadas do século XX) e Hygino Amanajás, paraenses que marcaram o gênero do qual fizeram parte.

Dentre os primeiros livros escolares destinados ao Ensino Primário, figura o *Paleógrapho, ou Arte de aprender a ler a letra manuscrita, para uso das escolas da Província do Pará* (1871), de Corrêa de Freitas. É o primeiro livro brasileiro do gênero dos paleógrafos[55], cuja utilização

---

[53] Sobre a relação entre o Estado e a uniformização do ensino no período da Primeira República, ver RAZZINI, Márcia de Paula G. *Op. cit.*, p. 12.

[54] Art. 214º - "Nenhum livro será admitido no ensino primário ou officialmente recommendado para o secundário ou technico, sem ser aprovado e aceito pela direcção geral, ouvido o conselho superior da instrucção publica, devendo, para merecer essa approvação, estar de accordo com os programmas circunstanciados do ensino publico do Estado e com os progressos da litteratura escholar". Regulamento Geral da Instrucção Publica e Especial do Ensino Primario do Estado do Pará. Typographia da "A província do Pará" de Antonio Lemos – Travessa do Passarinho, n. 17 – Pará – 1890. In: Arquivo Público do Estado do Pará. Secretaria do Governo. Série: Portarias diversas. Códice: 1890.

[55] "Livros de leitura manuscrita ou paleógrafos foram, ao longo do século XIX e nas primeiras décadas do XX, um tipo de livro difundido na instrução elementar, no Brasil e [primeiramente] em Portugal, assim como em outros países. Impressos por meio do processo litográfico, constituíam uma antologia de textos reproduzidos em diferentes escritas ou caligrafias" (BATISTA, Antônio A. Gomes. *Livros de leitura manuscrita:* elementos para a história de um manual escolar. Núcleo de Pesquisa Produção Editorial, XXV Congresso Anual em Ciência da Comunicação, Salvador-BA, setembro, 2002. Disponível em: http://reposcom.portcom.intercom.org.br/bitstream/1904/18739/1/Duarte%20Ventura1.doc, p. 1. Acesso em 20 de agosto de 2007). Normalmente, o assinante da autoria não era o autor das diversas caligrafias presentes no livro, entretanto era quem selecionava os textos, os quais, como nos demais livros de leitura, buscavam "fornecer um quadro de valores morais de políticos capazes de

foi mais intensa nas escolas do Pará, Amazonas e algumas províncias no Nordeste. Joaquim Pedro Corrêa de Freitas era paraense de Cametá e, ao longo de sua vida, publicou outros livros escolares, dentre eles: *Noções de Geographia e historia do Brazil* 1863; sua série graduada *Ensaios de leitura* (1º, 2º e 3º livros) e um compêndio de Desenho Linear. Hygino Amanajás, por sua vez, publicou a adaptação do livro *Cuore* italiano, *Alma e Coração*, dez anos após a instauração da República. Consistia em uma reprodução ficcional de um diário onde o jovem estudante Henrique narra suas experiências ao longo de um ano letivo – inovação bem recebida pelas escolas públicas paraenses e de outras regiões.

Localizamos alguns desses livros: *Noções de educação cívica: para uso das escolas primárias do Estado do Pará* (1898), do próprio Hygino Amanajás; *Ensaios de educação moral e cívica* (1928), de Ignácio Moura; *Noções de História Pátria* (1920), de Raimundo Proença e Silvio Nascimento; e *Ensaio de leitura: para uso das escolas da Amazônia*, em sua quadragésima quarta edição, de 1910, de Joaquim Pedro Corrêa de Freitas. São livros de leitura, pois Proença e Nascimento, Amanajás e Moura deixam claro que, ainda que proponham um conteúdo específico –, seja de história, educação moral e/ou cívica – estes se destinam também e especialmente ao aperfeiçoamento da leitura, dadas as séries para as quais se destinavam[56]; e o de Corrêa de Freitas, visando declaradamente a este propósito, não deixa de fazer referência à união do "útil e o agradável"[57] quando seleciona um conteúdo de mesmo teor para a instrução primária.

Em *Noções de educação cívica*, Amanajás diz apresentar esse "serviço aos seus conterrâneos" ao se impressionar com a "ignorância dos

---

constituir as referências que uma nação ou grupo devem, numa determinada época, compartilhar" (*ibidem*, p.15).

[56] Ignácio Moura deixa clara essa dupla aplicação do seu livro, na medida em que propõe que este "tanto sirva para a leitura, como para o aprendizado desta disciplina [...]. Desta forma teremos um livro econômico e duplamente vantajoso." (MOURA, Ignácio. *Ensaios de educação moral e cívica*. Belém: [S.l.], 1928, p. 7.).

[57] FREITAS, Joaquim Pedro Corrêa. Advertência. In: *Ensaio de leitura*: para uso das escolas da Amazônia. Paris: [s.n.], 1910.

meninos" e a falta de material voltado para este conteúdo específico. Nele, o autor busca falar clara e simplificadamente sobre a *Pátria*, os *Symbolos Nacionais* (as bandeiras, os *hynos*), a *Constituição*, os *governos*, os *Poderes* (Legislativo, Executivo e Judiciário); sobre política, o *voto*, o *serviço militar*, *registro civil*... enfim, aquilo que ele caracteriza como o conjunto de direitos e deveres desses "futuros cidadãos". Em todas as suas formulações, faz-se presente a necessidade de incutir nas crianças o amor e respeito à *Nação Brasileira* e aos *símbolos nacionais*. Amanajás acabava por ampliar o público-alvo, ao destinar um espaço especial para os deveres das mulheres, as quais, "não chamadas ao exercício dos direitos políticos, têm deveres sacratíssimos para com a sua pátria" (no lar e no magistério)[58] e na formação daqueles que podiam exercê-lo.

Ignácio Moura, por sua vez, em *Ensaios de educação moral e cívica*, além de tratar desse conteúdo, ocupava-se especialmente com os bons modos que as crianças deveriam manter em casa, na escola, em lugares públicos e em relação aos pais, professores, colegas, mais velhos, etc. Sublinhava a importância da bondade, do patriotismo, da coragem cívica e moral, da justiça e do apego pela verdade. Mas o que mais chama a atenção são dois de seus últimos capítulos destinados à explanação dos *deveres religiosos* dos cidadãos – em um Estado há quase quarenta anos declaradamente laico[59] – e do papel fundamental do *trabalho*, como uma virtude que o homem deveria cultivar.

Ensaio de leitura e *Noções de História Pátria* partilham do mesmo conteúdo de história baseado na descrição de acontecimentos como o *Descobrimento da América* e do *Brazil*, a *Independência*, bem como dos seus habitantes e personagens notáveis e seus feitos (Christovão Colombo, Pedro

---

[58] AMANAJÁS, Hygino. Deveres: da mulher para com a pátria. In: *Noções de educação cívica*. Belém: [S.l.], 1898, p. 110.

[59] "Não pode haver verdadeira moral sem religião, pois aquella dimana desta. A fé na existência de Deus, do Ente Supremo que regula o Universo e os bons princípios da humanidade, deve ser o guião de todos os homens. [...] A fé na existência de Deus, é um princípio de educação. O atheu, por maiores conhecimentos scientificos que possua, é como uma embarcação sem leme: póde dirigir-se para o bom caminho, como desviar-se para o máo. Falta ao atheu o principio superior da autoridade, que é a base de toda organisação" (MOURA, Ignácio, *Op. cit.*, p. 44.).

Alvares Cabral, Men de Sá, D. Pedro I e II, José Bonifácio, Visconde de Rio Branco, Princesa Isabel, Castello Branco, entre outros). Crê-se que o livro de Corrêa de Freitas, restringindo-se aos fatos e às personalidades históricas até o período imperial, tenha possivelmente passado por algum tipo de revisão ou edição, como passou seu paleógrafo, dada a sua contínua utilização já no período republicano. Chama-se a atenção também para as classificações – *selvagens, bárbaros e civilizados* – utilizadas pelo autor para descrever os habitantes das várias partes do mundo, de acordo com o pensamento intelectual da época.

Um padrão que permanece

É por meio da análise do conteúdo daqueles livros que buscaremos, na continuidade desta pesquisa, verificar as aproximações e os distanciamentos em relação ao discurso republicano, daquele momento, sobre o lugar da Educação e a sua importância para o alcance do progresso. Conduziremos a análise sobre o discurso e a prática escolar republicanos, apropriando-nos dos conceitos de Pierre Bourdieu. Para ele, a cultura escolar é a cultura da classe dominante transformada em legítima, objetivável e indiscutível. Este conceito será utilizado, para além da explicação como esquemas meramente "lógicos e a-históricos de interpretação 'sócio-lógica'", como alertam[60], mas de aproveitá-la como tentativa para interpretar a instituição escolar, resguardadas as especificidades de toda ordem.

Neste sentido, conceberemos um aspecto que compõe a vida escolar, o *material didático*[61]. A escolha se deve ao fato de que os professores só

[60] CATANI, Afrânio Mendes; CATANI, Denice Bárbara; PEREIRA, Gilson R. de M. As apropriações da obra de Pierre Bourdieu no campo educacional brasileiro, através de periódicos da área. *Revista Brasileira de Educação*, Rio de Janeiro, n. 17, p. 63-85, maio-ago., 2001.

[61] Quando falamos em "Material Didático", estamos nos referindo aos livros utilizados no cotidiano escolar, sobretudo os livros de leitura, muito presentes enquanto instrumentos a serviço da alfabetização nas séries iniciais dos grupos escolares do período mencionado. Consideramos o livro didático como um dos principais instrumentos metodológicos de aplicação pedagógica e por isso a sua consubstanciação, aqui, com a ideia de material didático: não sendo o único, dentre as várias possibilidades de instrumentalização didática, é o mais rele-

dispunham (e dispõem) dele para a operacionalização de fazer docente. Consideramos, portanto, o material didático como a expressão da cultura escolar e, consequentemente, da cultura da classe dominante. Sua função seria a de divulgar e tornar universal uma visão de mundo, uma perspectiva de enquadramento do vivido que satisfizesse às expectativas dos setores dominantes. As representações que compõem o material didático, assim, designam todo um conjunto de manifestações sociais destinadas a impor aos seus leitores princípios de visão e de divisão comuns[62]. Foi por meio desse mecanismo que o Estado Republicano buscou a divulgação de seu construto ideológico (elitista e "oficial"), tão carente de propaganda popular; e é dessa mesma forma que ainda hoje a escola atua como instrumento de legitimação da cultura que detém os mecanismos de produção material e imaterial da sociedade[63] – notadamente branca, masculina, heterossexual e cristã[64].

---

vante, tendo em vista a sua utilização sistemática na Educação brasileira, desde o século XIX e até os dias atuais; um instrumento de mediação no processo de ensino-aprendizagem que, na maioria das vezes, é direcionada apenas por esse instrumento, em teoria auxiliar, mas que se tornar central, sobretudo pelas deficitárias condições de trabalhos que são dispensadas aos docentes brasileiros, desde a estrutura física das escolas aos parcos salários, influindo também a rarefeita formação inicial que os mesmos têm, sem ter a possibilidade, dadas as condições, de dar continuidade ao aperfeiçoamento profissional, por meio da formação continuada.

[62] CORRÊA, Antônia Carlos da Luz; SILVA, Vivian Batista. *Op. cit.*

[63] Referimo-nos à revisão proposta por trabalhos posteriores à teoria marxista que estenderam as suas formulações a campos nos quais Marx não deu tanta ênfase, admitindo relações de dominação segundo o modelo capitalista cujas determinações estruturais e estruturantes se dão para além do nível socioeconômico (forças produtivas e relações de produção). É nesse sentido que surgem formulações como as de Pierre Bourdieu, que retoma a discussão sobre os mecanismos de dominação e, operando a superação dialética, amplia aquele modelo explicativo, principalmente no que se refere à dimensão simbólica de produção/reprodução das relações de dominação.

[64] Discutindo sobre o multiculturalismo no Brasil e no mundo, Petronilha Silva e Luiz Gonçalves falam sobre como o modelo cultural da Europa Ocidental, difundido nos mais diversos setores da população, trabalha na obliteração de tudo aquilo que não lhe faz parte, inferiorizando culturas e dificultando a sua própria organização por autonomia e espaço: "Entendendo-se que esse conhecimento transmitido privilegia arbitrariamente a cultura euro-ocidental (branca, masculina, cristã, capitalista, cientificista, predatória, racionalista etc.), silenciando outras culturas, ou tratando-as como inferiores, o multiculturalismo é reivindicado como um

Em última instância, o que constatamos nos manuais escolares das últimas décadas do século XIX e das primeiras do XX em muito se aproxima da realidade do conteúdo e estrutura dos livros didáticos atuais. É o mesmo modelo excludente de legitimação de um discurso particular da cultura dominante, na qual não há espaço para aquela parcela da população que, embora maior em número, é tratada tacitamente como *minoria*[65]. Pesquisas têm constatado que, nos livros didáticos dispensados às séries iniciais do Ensino Fundamental, o que se nota é a ausência quase absoluta – ou presença estigmatizada e pejorativa – do afro-brasileiro. Três pesquisadores[66] fazem um levantamento dessa produção brasileira sobre o racismo em livros didáticos, indicando aspectos comuns ao conjunto de análises já produzidas sobre o tema, as lacunas ainda presentes nesses trabalhos, bem como a diversidade de enfoques teórico-metodológicos sobre os quais eles se têm apoiado. A despeito de suas críticas severas acerca da fragilidade teórica e metodológica dessa produção, bem como da sua insipiência dentro do campo de estudos sobre o livro didático em geral[67], reconhecem a contribuição daquelas pesquisas para a eliminação das referências racistas nos livros didáticos, sobretudo pela denúncia que realizam.

---

antídoto contra o eurocentrismo" (GONÇALVES, Luiz Alberto Oliveira; SILVA, Petronilha Beatriz Gonçalves e. *O Jogo das Diferenças*: o multiculturalismo e seus contextos. Belo Horizonte: Autêntica, 2004, p. 16).

[65] Nossa apropriação deste termo baseia-se na concepção difusa entre as produções da literatura especializada acerca da subdimensão dada a grupos étnico-raciais que são relevantes na composição histórica e demográfica da sociedade brasileira, mas que não ocupam posições sociais de prestígio, sendo invisibilizados política, econômica e culturalmente, devido ao preconceito e discriminação estruturalmente legitimados na nossa sociedade, fenômeno este chamado de "Racismo à brasileira".

[66] ROSEMBERG, Fúlvia; BAZILLI, Chirley; SILVA, Paulo Vinícius Baptista da. Racismo em livros didáticos brasileiros e seu combate: uma revisão da literatura. *Educação e Pesquisa*, São Paulo, v. 29, p. 125-146, jan./jun., 2003.

[67] "Com efeito, uma revisão da base de dados da ANPEd (Associação Nacional de Pós-Graduação em Educação) sobre teses e dissertações defendidas em programas de pós-graduação a ela filiados, no período de 1981-1998, revelou a presença de 114 títulos sobre o tema do livro didático, quatro dos quais relacionados ao racismo [...], para um total de mais de 8 mil títulos de dissertações e teses estocados em sua base de dados." (p. 127).

Um dos livros da produção referida pelos três autores é *A discriminação do negro no Livro Didático*, de Ana Célia da Silva. Dada a sua importância como uma das pioneiras na constituição de uma linha de pesquisa voltada para as questões que tratamos aqui, consideraremos a obra mais detidamente. Analisando 82 livros de "Comunicação e Expressão", a autora constatou que os conteúdos veiculados sequer representavam o negro em suas ilustrações. Nenhuma mãe ou professora negra foi encontrada. O padrão social apresentado pelos personagens (*brancos*) é o do trabalhador de classe média, que possui carro, casa mobiliada, aparelhos eletrodomésticos e aparecem bem vestidos. O *branco* é associado ao *belo*, ao *puro*, ao *bom* e ao *inteligente*. Enquanto isso, nas poucas vezes em que é referido, o negro é representado de forma folclorizada e estereotipada: ele é sempre o escravo, *o serviçal*, o *filho da empregada*, sem nome ou apelidado e caricaturado em figuras que remetem à gula ou a animais irracionais. O *negro* é "associado ao feio, ao malvado, ao incapaz, com atributos não-humanos e constituindo-se em minoria social", conclui a autora; o que nos remete, novamente, às concepções evolucionistas do século XIX – e sua repercussão no imaginário popular brasileiro –, que concebiam a humanidade em uma escala etnográfica, de "superiores" a "inferiores", ocupando o negro o último posto, legitimando *cientificamente* a subordinação social.

No plano institucional, mais especificamente quanto à formação de professores, destacamos o trabalho de Wilma Baía Coelho, *A Cor Ausente*[68], o qual investiga o lugar do negro nos cursos de formação de professores, tomando como objeto o Instituto de Educação do Estado do Pará (IEEP), nas décadas de 1970 e 1980. Neste sentido, busca refletir sobre como a escola, por meio dos cursos de formação de professores, contribui para a reprodução da discriminação e do preconceito, à medida que estes alunos negros, ao não se verem naquela instituição, especialmente no conteúdo produzido pela mesma, não se formam identitariamente e, quando profissionais, continuam a reproduzir este

---

[68] COELHO, Wilma de Nazaré Baía. *A cor ausente*: um estudo sobre a presença do negro na formação de professores – Pará, 1970-1989. Belo Horizonte: Mazza Edições; Belém: Unama, 2006.

não-lugar do negro nas instituições e na sociedade. Por meio de tal formulação, afirmamos a recorrência de muitos dos elementos deterministas e raciológicos de apreensão do *negro* nos lugares de formação docente. Isto faz com que os professores, que deveriam criticar tais representações, reproduzam os parâmetros pejorativos de apreensão de segmentos da população brasileira.

Somando-se a essa limitação, Antônio Joaquim Severino[69] assinala a falta de formação ética e política dos professores, para além da sua formação técnica e de conteúdo. Segundo o autor, faz-se necessário abrir mais espaço para a própria formação humana desses educadores, que necessitam de uma maior aproximação com as ciências sociais – como a sociologia, a psicologia, a antropologia e a própria história – para que, assim, consigam atentar para o contexto sociocultural no qual sua prática está inserida. No que se refere à formação inicial, essa também é deficitária em aspectos como o da historicização dos conteúdos e, consequentemente, da sua significação em sala de aula, visto que uma compreensão mais profunda desses conhecimentos, bem como da forma como são construídos historicamente, possibilita aos professores e aos alunos perceberem em que momento e a partir de quais demandas (sociais, políticas, econômicas, etc.) eles foram formulados e, assim, encontrarem *situações-problema* do presente e significativas para a vida dos alunos que os façam assimilarem esses conteúdos e sua importância, no passado e contemporaneamente[70].

Por seu turno, a não-utilização desse procedimento para o ensino das disciplinas que tratam especificamente de conteúdos relacionados com a história e a cultura africana e afro-brasileira – dispostos nos artigos da Lei nº 10.639/2003[71], e que têm forte carga identitária – acaba

---

[69] SEVERINO, Antônio Joaquim. Preparação técnica e formação ético-política dos professores. In: BARBOSA, Raquel Lazzari (Org.). *Formação de Educadores*: desafios e perspectivas. São Paulo: UNESP, 2003. p. 71-89.

[70] HENGERMÜHLE, Adelar. *Formação de Professores*: da função de ensinar ao resgate da educação. Petrópolis: Vozes, 2007.

[71] Lei nº 10.639/2003: estabelece a obrigatoriedade da temática "História e Cultura Afro-Brasileira" no Ensino Fundamental e Médio das escolas públicas e privadas de todo o Brasil; o que pressupõe o estudo da África e dos africanos, da luta dos negros no Brasil, da cultura

por tornar esses conhecimentos pouco visíveis e discutidos pelos professores. Frequentemente, o que se verifica, ainda, é a reprodução do que concebe o *senso comum*, inviabilizando a conquista, por parte do aluno, de uma outra dimensão de sua realidade.

Com uma formação inicial precária e outros problemas estruturais, naturalizados nos discursos sobre a profissão – como baixa remuneração, excessiva carga horária de trabalho, falta de tempo para o planejamento das aulas, etc. –, a formação continuada (declarada, nos últimos anos, como uma necessidade para o aprimoramento profissional e das condições do ensino) é prejudicada[72]. Mal formados, a grande maioria dos professores não adquire a formulação crítica e de conteúdo necessária a sua prática pedagógica. Dessa forma, acabam limitados à utilização passiva do material didático que, como já dito, ainda hoje atua como um veículo de reprodução de representações subdimensionadas de grande parte da população brasileira – aquela

---

afro-brasileira e do negro na formação da sociedade nacional, resgatando a sua contribuição nas áreas social, econômica e política, pertinentes à História do Brasil em todas, mas especialmente nas disciplinas de História, Língua Portuguesa e Artes. Santos (2006) faz uma crítica análise sobre as suas possíveis limitações: "Os movimentos sociais negros, bem como muitos intelectuais negros engajados na luta antirracismo, levaram mais de meio século para conseguir a obrigatoriedade do estudo da história do continente africano e dos africanos, da luta dos negros no Brasil, da cultura negra brasileira e do negro na formação da sociedade nacional brasileira. Contudo, torná-lo obrigatório, embora seja condição necessária, não é condição suficiente para a sua implementação de fato. Segundo o nosso entendimento, a Lei nº 10.639 de 9 de janeiro de 2003, apresenta falhas que podem inviabilizar o seu real objetivo, qual seja, a valorização dos negros e o fim do embranquecimento cultural do sistema de ensino brasileiro. A lei federal, simultaneamente, indica uma certa sensibilidade às reivindicações e pressões históricas dos movimentos negros e antirracistas brasileiros, como também indica uma certa falta de compromisso vigoroso com a sua execução e, principalmente, com a sua eficácia, uma vez que não estendeu aquela obrigatoriedade aos programas de ensino e/ou cursos de graduação, especialmente os de licenciatura, das universidades públicas e privadas, conforme uma das reivindicações da Convenção Nacional do Negro pela Constituinte [...] em agosto de 1986." (SANTOS, Sales Augusto dos. (Org.). *Educação anti-racista*: caminhos abertos pela Lei Federal n° 10.639/03. Brasília: Ministério da Educação, Secretaria de Educação Continuada, Alfabetização e Diversidade, 2005, p 34-35).

[72] IMBERNÓN, Francisco. *Formação Docente e Profissional*: formar-se para a mudança e a incerteza. São Paulo: Cortez, 2006.

que não atende ao padrão específico da cultura dominante, que se beneficia de instituições como a escola para a legitimação e a perpetuação da *hegemonia racial*[73].

Assim, o modelo educacional que se construiu no início do governo republicano no Pará, por intermédio dos esforços das autoridades públicas e intelectuais, de orientação determinista e evolucionista, materializado no cotidiano escolar por meio dos livros escolares que, por função, reafirmavam tal concepção educacional, atualmente ainda se faz presente, mesmo que de forma velada, nos materiais didáticos e em instâncias. Isso acaba por ratificar seu padrão eurocêntrico de sociedade e por representar estigmatizadamente os que dele não fazem parte, como a população afro-brasileira, seja pelo seu conteúdo didático que diretamente atua sobre as concepções em formação das crianças sobre si e sobre o mundo, seja preparando os docentes que vão lidar em sua prática educativa com tais representações, e que já em sua formação são tolhidos pelas mesmas, e assim as reproduzem em sua *práxis* educativa na contemporaneidade.

[73] HANCHARD, Michael. *Orfeu e o Poder*: movimento negro no Rio de Janeiro e São Paulo (1945-1988). Tradução de Vera Ribeiro. Rio de Janeiro: Eduerj, 2001.

A EXPERIÊNCIA COM A LEI Nº 10.639/03 CEFET-PA: FORMAÇÃO INICIAL E CONTINUADA

Helena do Socorro Campos da Rocha

A implementação dos dispositivos previstos na Lei nº 10.639/03 acarreta, para todo o sistema educacional, o enfrentamento de um conjunto imenso de questões. A Secretaria de Educação Profissional e Tecnológica as vêm enfrentando desde 2006. O Centro Federal de Educação Tecnológica do Pará (CEFET-PA) participa do debate por meio de ações efetivas, como a oferta de cursos voltados para a comunidade afro-descendente e a capacitação de docentes para a execução do que prevê a Lei citada[74].

Está claro que para o alcance dos resultados esperados, a partir da implementação da Lei, é necessário o investimento na formação e na capacitação de professores – ainda que ambas as ações não sejam, por si só, suficientes, como pontuam Sales Augusto dos Santos e Wilma de Nazaré Baía Coelho[75]. Não obstante, trataremos a seguir das iniciativas

---

[74] BRASIL. Lei nº 10.639 de 09.01.03: altera a Lei nº 9.394/96, para incluir no currículo oficial da Rede de Ensino a obrigatoriedade da temática "História e cultura afro-brasileira".

[75] SANTOS, Sales Augusto dos Santos. A Lei n.º 10.639/03 como fruto da luta anti-racista do Movimento Negro. In: *idem* (Org.). *Educação anti-racista*: caminhos abertos pela Lei Federal nº 10.639/03. Brasília: Ministério da Educação, Secretaria de Educação

do CEFET-PA com vistas à implementação da Lei, de modo a evidenciar os percalços e avanços decorrentes da implantação da referida Lei.

A Lei

A Lei nº 10.639/03 tem uma trajetória singular. Em que pese o fato de ter sido levada à casa legislativa pelos deputados Ester Grossi e Ben-Hur Ferreira, ela surge da demanda do Movimento Negro pela formulação de Políticas Afirmativas que dirimissem as enormes desigualdades que distinguem os brasileiros pela cor da pele. Com o objetivo de intervir no sistema educacional brasileiro, a Lei interfere em uma de suas balizas, pois altera a matriz europeia que serviu de fundamento às diversas políticas educacionais, desde o Império.

Ao introduzir os conteúdos relativos à cultura afro-brasileira e à história da África, a Lei desloca a perspectiva adotada, até então, nas representações sobre o Brasil e sobre a sua formação, transformadas em conteúdo didático. Tradicionalmente, o ensino brasileiro abordava a formação brasileira como um desdobramento lógico e consequente da história europeia, ou seja, após rápida referência às sociedades antigas, como a egípcia e a mesopotâmica, os alunos eram levados a ver a sociedade ocidental, desde a conformação do mundo greco-romano, na Europa, como a matriz cultural brasileira.

Esse redimensionamento da perspectiva causou, evidentemente, uma enorme inquietação no meio educacional, uma vez que a Lei obriga a introdução de novos conteúdos e uma nova perspectiva. A prática docente e a formação inicial e continuada de professores e, por conseguinte, o currículo exigem revisão de modo a adequarem-se às demandas legais e à satisfação da orientação pela inclusão – tônica da política educacional brasileira dos últimos anos.

A inquietação é percebida pelos inúmeros e calorosos debates ocorridos desde a promulgação da Lei, no meio escolar e fora dele. Muitos

---

Continuada, Alfabetização e Diversidade, 2005. p. 21-38; COELHO, Wilma de Nazaré Baía. *A cor ausente*: um estudo sobre a presença do negro na formação de professores no Estado do Pará, 1970-1989. Belo Horizonte: Mazza Edições; Belém: Unama, 2006.

deles reconhecem as deficiências que suscitaram a Lei e a necessidade de uma Escola inclusiva. No entanto, a inquietação não se tem traduzido em práticas escolares que efetivem a Lei, no sentido de torná-la uma prática curricular, docente e escolar. Raros são os estabelecimentos que introduziram mudanças com vistas à adequação ao dispositivo legal.

Diante disso, no presente texto, apontamos alguns fundamentos para a oferta de uma Educação para as Relações Étnico-Raciais. Trabalharemos a partir das Diretrizes Curriculares Nacionais para a Educação das Relações Étnico-Raciais e para o Ensino de História e Cultura Afro-brasileira e Africana. Wilma de Nazaré Baía Coelho[76] afirma que a formação docente é deficiente nos aspectos introduzidos pela Lei, porque ela não assume que o preconceito e a discriminação – no universo escolar – são resultado, também, da atuação dos professores. A formação docente, neste sentido, seria a matriz do problema, uma vez que não considera relevante preparar os futuros professores para lidar com os vícios, não somente, mas, também, morais e éticos (como são o preconceito e a discriminação), de forma a evidenciar seu caráter contrário à construção de uma sociedade justa[77].

Concordando com a autora, portanto, consideramos que a Lei só renderá frutos uma vez que se introduzam mudanças importantes nos processos de formação inicial e continuada de professores. São eles os executores finais do processo de ensino-aprendizagem. De forma que eles constituem o meio pelo qual os propósitos da Lei serão concretizados.

Consideramos a Escola como o espaço no qual estereótipos, preconceitos e práticas discriminatórias são desconstruídas. Ela reúne instrumentos pedagógicos que viabilizam esse propósito a partir da reflexão dos profissionais que a compõem. Docentes e técnicos podem "pôr abaixo" grande parte dos entraves interpostos às populações afro-descendentes e que as impedem de viver plenamente a cidadania. A apreensão

---

[76] COELHO, Wilma de Nazaré Baia. *Op. cit.*, p. 225.

[77] BRASIL. *Orientações e ações para a educação das relações étnico-raciais*. Brasília: SECAD, 2006; *idem*. *Diretrizes Curriculares Nacionais para a Educação das Relações Étnico-raciais e para o Ensino de História e Cultura Afro-brasileira e Africana*. Brasília: Ministério da Educação; Secretaria Especial de Políticas de Promoção da Igualdade Racial, 2006.

positiva da história e da cultura dessas populações é uma das estratégias a serem colocadas em prática de modo efetivo e consecutivo.

Nesse sentido, estamos de acordo com as Diretrizes Curriculares, as quais assumem a Escola como a instituição responsável pela reversão da ideia de que o passado escravo é o único papel histórico a ser atribuído às populações afro-descendentes. Também nós nos perfilamos entre aqueles que consideram a Escola o espaço privilegiado para a formação do cidadão e da promoção de uma sociedade justa e igualitária, na qual o racismo e a discriminação não são encorajados.

A Lei no CEFET-Pará

O Ministério da Educação tem incentivado a adoção de políticas relacionadas ao espírito da Lei nº 10.639/03. Deste modo, políticas de caráter afirmativo – sejam cotas, formação complementar ou acompanhamento de estudantes afro-descendentes com vistas à sua inserção no Ensino Superior – são incentivadas.

O CEFET se integra a essas políticas a partir de 2003, com a formulação de Ações Afirmativas voltadas para afro-descendentes e índios e seus descendentes, portadores de necessidades especiais e estudantes de escolas públicas. Foi o Vestibular Solidário. Dois anos depois, por meio de convênio firmado entre a instituição, a Organização das Nações Unidas para a Educação, a Ciência e a Cultura e o Banco Mundial, criou-se o Projeto Inovador de Curso (PICEFET).

Por meio dele, jovens dos grupos já apontados tinham acesso à formação complementar, de forma a viabilizar-lhes o acesso ao Ensino Superior. Esta iniciativa, no entanto, não resumia sua atuação à transmissão de conteúdo formal, próprios do Ensino Fundamental e Médio. Ela entendia ser necessário construir naqueles jovens a possibilidade de superarem algumas das marcas que a discriminação lhes havia imposto ao longo de suas vidas. Assim, o PICEFET desenvolveu debates e palestras sobre temas que facultassem àqueles jovens a percepção crítica de seu lugar no mundo.

Outra iniciativa foi a oferta de Curso de Aperfeiçoamento em Políticas Públicas de Relações Étnico-Raciais, patrocinado pelo MEC/

SESU, por meio do Projeto UNIAFRO[78]. Este projeto tinha por objetivo o incentivo e o apoio à institucionalização de atividades dos Núcleos de Estudos Afro-brasileiros (NEABs) ou seus correlatos, em instituições públicas de Ensino Superior[79]. A oferta do curso no CEFET-Pará teve por objetivo a capacitação de trinta profissionais – docentes e egressos de cursos de Licenciatura do próprio CEFET – para a implementação do previsto na Lei nº 10.639/03.

Em seguida, outra iniciativa foi tomada – o Curso de Aperfeiçoamento de Aplicação da Lei nº 10.639/03 –, dando prosseguimento à política de formação continuada de docentes[80]. Deste curso, surgiram algumas propostas concretas para a implementação da Lei no CEFET-Pará. Foi ali que se iniciaram as discussões sobre a reforma da matriz curricular das disciplinas Língua Portuguesa e Literatura, História e Artes, para o Ensino Médio. Naquele momento, também, deram-se os primeiros encaminhamentos para a elaboração da disciplina Educação para as Relações Étnico-Raciais, nos cursos de licenciatura do Ensino Superior. Todas as discussões tiveram como objetivo a reformulação das matrizes curriculares dos níveis de ensino ofertados pela própria instituição.

Após consolidarmos a experiência nos cursos de aperfeiçoamento, iniciamos o Curso de Especialização em Educação para as Relações Étnico-Raciais. O curso foi ofertado para egressos de cursos de licenciatura da instituição, seus docentes e servidores. Com objetivos similares aos demais, ele aprofundou – dada a maior dimensão da carga-horária – as questões tratadas em outros cursos. Não obstante, introduziu outras, como a discussão pormenorizada dos marcos legais, a consideração das matrizes teóricas relacionadas ao estudo das representações sociais e a trajetória da luta política do Movimento Negro.

---

[78] O Curso de Aperfeiçoamento em Políticas Públicas e Relações Étnico-Raciais foi o ofertado entre os anos de 2006 e 2007.

[79] ROCHA, Helena do S. C. da. *Relatório Desempenho Vestibular 2006*. CEFET-PA (mimeografado), 2006.

[80] O Curso de Aperfeiçoamento de Aplicação da Lei nº 10.639/03.

Com políticas como essa, o CEFET-Pará trabalha no sentido apontado por Sales Augusto dos Santos[81], introduzindo nos programas e currículos dos níveis de ensino com que trabalha disciplinas voltadas para a superação das desigualdades e promotora da Diversidade. Acreditamos que, com isso, a instituição contribui tanto para a percepção do preconceito – algo fundamental para que possamos desconstruir a ideia de que vivemos em meio a uma democracia racial, em um país sem preconceitos de qualquer ordem – como para a reversão dos seus males.

Agindo diretamente na formação docente, busca-se capacitar o professor tanto para o tratamento conceitual da questão, de modo a não reproduzir visões preconceituosas como se conhecimento fossem, quanto para o enfrentamento das situações de discriminação, comuns no ambiente escolar. A formação docente ofertada, nesse sentido, encara a questão da Diversidade e seus desdobramentos expressos na Lei como questões pedagógicas.

Assim, considera-se o preconceito e o discurso discriminador como representações sociais, que correspondem a construções históricas, as quais devem ser concebidas como formulações interessadas e não como verdades absolutas. Da mesma forma, considera-se essencial problematizar os cursos de formação de professores e, por conseguinte, seus currículos, de forma a dirimir o exclusivismo da perspectiva europeia.

Considerações finais

Pretendemos aqui situar os caminhos seguidos pelo CEFET-Pará, no sentido de implementar os dispositivos da Lei nº 10.639/03. Henry Giroux e Peter McLaren encaminham crítica aos cursos de formação de professores que não incorporam em seu projeto de formação uma discussão ampla e consecutiva sobre o que importa para a formação da criança e do adolescente[82]. Isso é válido, pois foi por meio da

---

[81] SANTOS, Sales Augusto dos. *Op. cit.*, p. 34.

[82] GIROUX, Henry; MCLAREN, Peter. Formação do professor como uma esfera contrapública: a pedagogia radical como uma forma de política cultural. In: MOREIRA, Antônio Flávio; SILVA, Tomaz Tadeu da. (Org.). *Currículo, cultura e sociedade*. São Paulo: Cortez, 2000. p. 125-154.

intervenção direta na formação de professores e na alteração da estrutura curricular que a instituição vem buscando cumprir o seu papel, com vistas à introdução dos dispositivos legais.

Esse não tem sido, todavia, um processo fácil. Resistências há por toda a parte. Professores e alunos envolvidos nos cursos arrolados aqui manifestaram suas posições, as quais indicavam desde a incompreensão dos processos vividos até as dificuldades em enfrentar o fato de que a discriminação e o racismo são realidades que permeiam o dia a dia de todas as instituições, inclusive a nossa.

Não obstante, somente com o início do processo, com a decisão de implementar a Lei, que divergências e convergências surgiram. As polêmicas que acompanham as Ações Afirmativas, neste sentido, deram novo ânimo à vida institucional, porque trouxeram o debate, a necessidade de posicionar-se, de buscar argumentos e de balizar posições. É isto que faz uma instituição de ensino e pesquisa de caráter democrático: coloca em discussão sua prática. Salve a Lei nº 10.639/03!

ENSINAR, PRATICAR A DIFERENÇA E ÉTICA: EXPERIÊNCIAS DE PROFESSORES E ALUNOS EM ESCOLAS PÚBLICAS DE BELÉM[83]

Rosa Elizabeth Acevedo Marin

Este texto descreve parte do universo escolar da cidade de Belém para compreender práticas de discriminação de etnia, *raça* e gênero, assumidas ou ocultas, em Escolas Públicas. De um lado, examina-se a lógica de padrões de comportamento dos professores, por meio das narrativas sobre suas experiências, e, de outro, registram-se suas observações sobre as relações e os comportamentos dos seus alunos no âmbito da escola. Ainda, busca-se refletir os instrumentos, meios de (in)formação (livros didáticos, revistas, jornais, programas de televisão, entre outros) referidos como material de estudo pelos professores para abordar temas referentes às relações étnico-raciais, preconceito, discriminação, desigualdades. Tal discussão converge para a reflexão sobre padrões de comportamento e ética.

Carlos Hasenbalg[84] escreveu que a mobilidade social ascendente dos "brasileiros de cor" foi restrita e as desigualdades raciais perpetuam-se até

---

[83] A elaboração do presente artigo contou com a colaboração de Rosiane F. Martins, no levantamento de informações.

[84] HASENBALG, Carlos A. *Discriminação e desigualdades raciais no Brasil.* Tradução de Patrick Burglin. Rio de Janeiro: Graal, 2005.

hoje. No Brasil, a mobilidade dos "não-brancos" foi insuficiente para atingir a *democracia racial* e ainda "fracassou na produção de uma identidade coletiva e uma mobilização política de negros e mulatos com o fim de exigir igualdade efetiva com os brasileiros brancos ou, noutros termos, de reivindicar que a mitologia racial se tornasse uma realidade"[85].

Na sociedade brasileira contemporânea destaca-se tanto a discussão sobre as desigualdades sociais e raciais quanto as pressões de grupos organizados para superá-las. Estas questões haviam sido preteridas pelo discurso hegemônico da democracia racial, centrado no discurso da igualdade de oportunidades, de competências individuais e de possibilidades de mobilidade social para todos, via escolaridade.

Na presente década, os discursos reivindicativos ampliaram-se, uma vez esgotado o argumento da "democracia racial". Diversas pesquisas buscam interpretar comportamentos, atitudes, clivagens, práticas discriminatórias, discursos que estão incrustados nas hierarquias sociais da sociedade brasileira, marcada por profundas desigualdades, e que permeiam as relações horizontais de grupos[86].

Com base em observações *in loco* e em formulários preenchidos[87] por professores do Ensino Fundamental e Médio das escolas públicas

---

[85] *Ibidem*, p. 21.

[86] MUNANGA, Kabengele. *Estratégias e políticas de combate à discriminação racial*. São Paulo: EDUSP, 1996; APPLE, Michael W. A presença ausente da raça nas reformas educacionais. In: CANEN, Ana; MOREIRA, Antonio Flávio Barbosa. (Org.). *Ênfases e omissões no currículo*. São Paulo: Papirus, 2001; OLIVEIRA, Iolanda et al. *Relações raciais e educação*: a produção de saberes e práticas pedagógicas. Niterói: EDUF, 2000; GUIMARÃES, Antônio Sérgio Alfredo.; HUNTLEY, Lynn (Org.). *Tirando a máscara*: ensaios sobre racismo no Brasil. São Paulo: Paz e Terra, 2000; CAVALLEIRO, Eliane dos Santos. *Racismo e anti-racismo na educação*: repensando nossa escola. São Paulo: Summus, 2001; AZEVEDO, Célia Maria Marinho de. *Anti-racismo e seus paradoxos*: reflexões sobre cota racial, raça e racismo. São Paulo: Companhia Editora Nacional, 2004.

[87] Todos os entrevistados haviam concluído curso universitário e três deles informaram ter curso de pós-graduação. Na pesquisa, disponibilizamos um formulário, preenchido pelos professores, os quais poderiam não se identificar. Em vários casos, esse registro foi gravado e transcrito. A pesquisa não pretende ou propõe representatividade estatística.

estaduais[88], foi possível sistematizar experiências individuais e diversas situações coletivas que revelam atitudes em relação ao "outro" e processos de construção social sobre o ser *índio*, *negro*, *branco*. Ainda se pode perceber manifestações de diferença e preconceito em relação à mulher, e ao homossexual.

A pesquisa desenvolveu-se em uma abordagem qualitativa[89], baseada nas interações com os grupos de professores, as leituras sobre experiências, tensões e conflitos vivenciados no âmbito da escola pública. Nesse universo, identificamos uma lógica do sistema educacional, por meio da qual agregam-se estudantes provenientes de grupos sociais com menor nível socioeconômico. A maioria das escolas analisadas compartilha uma imagem da degradação, resultado do abandono de sucessivos governos[90] e retratam a exclusão dos grupos sociais pela política educacional.

O trabalho de campo foi realizado em escolas públicas localizadas nos bairros de Guamá (três escolas), Tapanã (uma escola), Nazaré (duas escolas), Umarizal (uma escola) e Telégrafo (uma escola). Entre as escolas analisadas, observaram-se pequenas diferenças em termos de infraestrutura, disponibilidade de biblioteca, acesso ao material didático, meios de (in)formação. Esse último conjunto de dados contribuiu para interpretar diferenças nas condições de trabalho, estudo e convivência de professores e alunos. A infraestrutura é precária e vários

---

[88] Agradecemos aos professores pela acolhida à pesquisa. Em especial, agradecemos a colaboração da professora Eliana Teles, que favoreceu contatos em três escolas. As escolas analisadas foram: *Deodoro de Mendonça*, *Pinto Marques*, *Santo Afonso*, *Frei Daniel*, *Barão de Igarapé Mirim*, *Aldebaro Klautau*, *Dilma Catete* e *Alexandre Zacarias de Assunção*.

[89] Nesta pesquisa havia, inicialmente, a expectativa de realizar a descrição das escolas públicas relacionando diferentes dados sobre o corpo docente e discente: origem social, formação, nível socioeconômico, formação contínua. Para isto seria utilizada a base de dados da Secretaria de Educação do Estado do Pará (SEDUC), mas tivemos dificuldades de acessar tais dados pela falta de resposta às solicitações realizadas em junho de 2007.

[90] O abandono da escola pública tem como resultado a perda progressiva da qualidade do ensino já analisada em diversas pesquisas, reportagens jornalísticas e relatórios. Os entrevistados citaram: baixos salários, irregularidade no pagamento, falta de concursos, demora na convocação dos aprovados, carga horária excessiva e péssimas condições infra-estruturais das escolas.

informantes sublinharam tanto a necessidade de introduzir transformações nas práticas educativas e de transmissão de conhecimentos na sociedade paraense, quanto a inadequação, as limitações das escolas diante de uma dinâmica social que impõe novos paradigmas e posturas éticas.

Os informantes preferenciais para a pesquisa exerciam a docência nas disciplinas História, Sociologia e Geografia. No formulário, ficou em aberto a possibilidade de docentes com domínios nas ciências físicas e naturais. No grupo de interação da pesquisa, estão professores de História (Geral e do Brasil), Geografia, Sociologia, Filosofia, Estatística e Estudos Amazônicos. Os professores consultados, em sua maioria, lecionam em mais de duas escolas, com uma carga horária de até duzentas horas[91], o que lhes garante um salário líquido de até dois mil reais, dependendo de titulação e do tempo de serviço. Os professores que trabalham nas escolas dos bairros centrais apontaram que, nelas, a lotação é muito concorrida, enquanto nas escolas dos bairros periféricos de Belém ou do interior do Estado os professores evitam lecionar, citando "situações de insegurança e perigo", frequentes nos últimos tempos. Como resultado previsível, nessas escolas, centenas de crianças e adolescentes estão com reduzidas chances de completar seus estudos. Assim, a localização da escola funciona como mecanismo de segregação e discriminação.

Nosso objetivo não é de expor ou demonstrar o racismo e o preconceito generalizado, mas ressaltar as práticas, as ações, as formas de interação habituais, nas quais se manifestam modalidades de tensões escolares ligadas a sistemas de valores, padrões de comportamento e atitudes discriminatórias, que permanecem arraigados.

Os estudiosos do tema reconhecem que o racismo encontra muito de sua força e legitimidade em relações de poder e visões sociais reproduzidas em instituições de base, como a escola e a família. Estas são instituições cujas estruturas mudam mais lentamente que as estruturas sociais e econômicas, às quais estiveram associadas, direta ou indiretamente, em outros tempos.

---

[91] Professores das Ciências Exatas (Matemática, Física, Química) e de Biologia podem ter acima das 200 horas, o que ocorre pela oferta menor desses docentes, na Rede Pública de Ensino no Pará.

Aprender a diferença e a desigualdade

Hoje, a sociedade brasileira posiciona-se, com ênfase, sobre os princípios de formação educativa e nela travam-se debates sobre as relações inseparáveis entre educação e Diversidade. Acredita-se que as políticas educacionais contribuam para reduzir as desigualdades e a exclusão, para ampliar o acesso à escola e a ascensão social de grupos de indivíduos, para eliminar progressivamente as visões discriminatórias sobre indígenas, negros, homossexuais e mulheres.

Poucos estudos sobre a instituição escolar em Belém têm abordado a trama de relações sociais e de poder que se desenvolvem no seu interior, entre elas aquelas caracterizadas por comportamentos, atitudes e práticas discriminatórias[92]. As poucas mudanças agem muito lentamente e o espaço escolar continua propício à naturalização e à banalização da discriminação e do preconceito, os quais passam a ser codificados nas relações interpessoais, familiares e confundidos com gestos de confiança, intimidade, "afeto". Enquadrados nos comportamentos "dentro da normalidade", evitam enfrentamentos, conflitos pessoais e institucionais, punições e terminam por acobertar violências verbais e simbólicas.

A Escola é espaço da socialização, de aprendizagem da alteridade, de vivência do "outro". Como instituição construída na base de relações de poder, ela redefine permanentemente posições hierárquicas que são questionadas pela expectativa de uma educação diferente enquanto ato político e de responsabilidade ética. Compreender as práticas de discriminação de gênero, *raça*, e classe na escola significa desvendar a raiz de atitudes opressoras, rever os processos de ensinar e de aprender para transformar a sociedade. No Brasil, centenas de crianças e jovens *negros* e *indígenas* têm o seu mundo ocultado pela escola, pois esses agentes não estão nos livros didáticos. Nas raras vezes em que aparecem representados, são obliteradas as situações de desigualdade social, econômica, política e as marcas que determinam sua exclusão. Nesse sentido, as

[92] COELHO, Wilma de Nazaré Baía. *A cor ausente*: um estudo sobre a presença do negro na formação de professores (Pará 1970-1989). Tese (Doutoramento), Universidade Federal do Rio Grande do Norte, Natal, 2005.

relações sociais dentro e fora da Escola precisam ser objeto de análises e de reflexão permanentes sobre as atitudes em relação ao "outro".

A instituição Escola tem dificuldade para socializar o saber desenvolvido na sociedade e formar as competências necessárias para o exercício da cidadania[93]. Em todos os momentos do processo de ensinar e apreender, a orientação para o outro é essencial, o que significa reconhecer a diferença representada pelas identidades sociais. Se a dimensão ética da prática educacional – diferente tanto da moral como da Lei – é tangenciada pelos processos de exclusão étnico-racial, a discriminação continua a reproduzir-se.

A análise da igualdade educacional e a erradicação de todas as formas de racismo e discriminação encontram-se na concepção da educação multicultural. James Banks[94] destaca essa ideia nascida nos protestos dos anos 60 e 70 e projetada como movimento internacional. Na educação multicultural, todos os estudantes, "independentes do seu grupo de pertencimento, tais como *raça*, cultura, classe social, ou língua", vivenciariam a igualdade educacional nas escolas.

O ideal da educação multicultural inspirou reformas na Escola, visando a oportunidades iguais de sucesso, constituída das seguintes dimensões: integração de conteúdo; construção do processo de conhecimento; redução do preconceito; equidade pedagógica; viabilização da

---

[93] No sentido do Direito, Cançado Trindade indaga-se por que razão a discriminação é combatida em relação aos direitos civis e políticos e é tolerada como inevitável em relação aos direitos econômicos, sociais e culturais (questão). Na sua interpretação, a explicação é porque "são examinados no suposto de uma conquista progressiva", enquanto direitos de "segunda geração" e se mantém o *status* que determina sua exclusão (TRINDADE, Antônio Augusto Cançado. 2000. "Cançado Trindade questiona a tese de gerações de direitos humanos de Norberto Bobbio", em entrevista durante o Seminário direitos humanos das mulheres: a proteção internacional, V Conferência de Direitos Humanos da Câmara dos Deputados. Brasília, 25 de maio. http://www.dhnet.org.br/direitos/militantes/cancadotrindade/Cancado_Bob.htm. *Apud*. SEGATO, Rita Laura. Antropologia e direitos humanos: alteridade e étnica no movimento de expansão dos direitos universais. *Mana*, Rio de Janeiro, v. 12, n. 1, 207-236, abr. 2006.

[94] BANKS, James A. Reformando escolas para implementar igualdade para diferentes grupos raciais e étnicos. *Cadernos Penesb*, Niterói, n. 7, p. 14-40, nov. 2006.

estrutura social e cultural da Escola[95]. Entretanto, não faltam críticas ao multiculturalismo. Laura Segato reflete o universo dos Estados liberais nos quais o multiculturalismo do mundo capitalista tem presença[96].

As políticas educacionais no Brasil sofrem esta influência, pois compartilham os ideais multiculturalista e pluralista. Nestes, inclui-se a diferença representada pelo "negro, sua memória e seu mundo de cultura" e no qual as instituições (a exemplo da Escola) devem, em uma situação de juridicidade avançada, refletir a pluralidade. Desta forma, o valor máximo da sociedade é a diversidade e não a igualdade, afirma Rita Segato[97]. A autora interpreta a evolução da educação, de um "multiculturalismo elementar", no modelo dos anos 90, em direção a uma perspectiva intercultural, na qual as escolas e as universidades abrem-se ao "acesso dos outros da Nação, já não mais para transformá-los em sujeitos dóceis ao Ocidente e de mentalidade branqueada, mas para que eles retroalimentem e transformem as instituições educativas, mostrando o rumo em direção a uma instrução que não padeça da *fobia da localidade*". Este representaria um anseio ético que, na interpretação da antropóloga, consiste em um

> "[...] princípio que promove a expansão dos direitos em seu movimento universal. O anseio ético é um movimento em direção ao bem não alcançado, uma abertura alimentada pela presença da alteridade e que se manifesta na experiência de insatisfação com a relação tanto aos padrões morais compartilhados – que nos fazem membros natos de uma comunidade moral – quanto às leis que orientam nossa conduta na sociedade nacional da qual fazemos

---

[95] *Ibidem*, p. 23-35.

[96] SEGATO, Rita Laura. Antropologia e Direitos Humanos: alteridade e ética no movimento de expansão dos Direitos Universais. *Mana*, Rio de Janeiro, v. 12, n. 1, p. 207-236, 2006.

[97] Rita Laura Segato elabora uma comparação com Cuba. Este país realizou a democratização profunda do acesso à educação; levou muitos estudantes negros e pobres a profissões de prestígio, mas não erradicou o problema racial. Interpreta a autora: "Se a raça é um fator impeditivo, a discriminação racial deve ser atacada para cumprir, em primeiro lugar, com o mandato dos direitos de tipo econômico e social, deixando claro que é outra a hierarquia de valores incidente na concepção dos direitos humanos." (*Ibidem*, p. 214).

parte. Em outras palavras, não é outra coisa senão uma ética da insatisfação, entre os cidadãos de qualquer nação e nos membros da mais simples e coesa das comunidades morais, o que constitui o fundamento dos direitos humanos."[98]

Pode interpretar-se esse anseio ético por meio do conhecimento e domínio dos textos legais contendo direitos e deveres pelos cidadãos. Mas não é apenas isso. Trata-se de uma aspiração em matéria da educação para se tornar cidadão, para desenvolver atitudes, ações, para manifestar a insatisfação crítica, a consciência ética. Dussel[99] explica que o valor ético da alteridade inclui as vítimas, neste caso, da desigualdade, da discriminação, do preconceito e do racismo que procede do estranhamento do seu próprio mundo. Esse estranhamento é o oposto da naturalização e da banalização de práticas, ações, hábitos, linguagem, geralmente observadas na comunidade escolar.

O racismo é um fenômeno variável, cujas manifestações são particularizadas. A ideia de *raça* ou cor é apreendida, arbitrária e socialmente construída. Dessa ideia resultam comportamentos, atitudes e práticas no cotidiano. O racismo é a interpretação de um povo como inferior, independentemente de sua ação e vontade, escreve Touraine[100]. No racismo, combinam-se duas lógicas que mudam conforme a experiência analisada. A lógica da desigualdade encaminha a compreensão de que o racismo, em qualquer de suas modalidades, corresponde a um princípio de inferiorização do grupo racializado, que tende a ser discriminado. A lógica da dominação diferencialista encaminha a compreensão de que o racismo não estabelece nenhum lugar ao grupo racializado, a ele corresponde uma vontade de rejeição, de colocar a distância, de exclusão e de ausência de relações sociais que produzem a segregação[101].

---

[98] SEGATO, Rita Laura. *Op. cit.*, p. 229.

[99] DUSSEL, Enrique. *Ética de la liberación* – en la edad de la globalización y de la exclusión. Apud SEGATO, Rita Laura. *Op. cit.*, 227.

[100] TOURAINE, Alain. Le racisme aujourd'hui. In: WIEVIORKA, Michel. *Racisme et modernité*. Paris: Ed. La Découverte, 1993. p. 23-41.

[101] WIEVIORKA, Michel. *Op. cit.*, p. 11.

Discriminação de brincadeira

O discurso de alguns agentes entrevistados nas escolas é ambíguo, pois reduzem a observação do ato, ou seja, de atitudes de racismo, de discriminação e preconceito a brincadeiras entre colegas. Os entrevistados, nas sete escolas, mencionaram a existência de "brincadeiras maldosas", "brincadeiras de cunho racista"[102], "brincadeiras carinhosas", identificadas pelos agentes da escola na forma de cumplicidade. A palavra brincadeira é empregada recorrentemente como substitutiva da nomeação de comportamentos preconceituosos e discriminatórios. No senso comum e na literatura, englobaria elementos do racismo sutil renovado e perpetuado no Brasil.

O preconceito transvertido de brincadeira revela uma atitude de quem impõe o conteúdo, forma, tom e marcas em relação ao outro, vítima de uma atitude negativa. Nas escolas, essa atitude é ignorada pelos professores, para quem a noção de "brincadeira" contribui para diminuir a responsabilidade de agir em cada situação, facilita a banalização, desvia a atenção sobre as implicações éticas de sua intervenção e, portanto, permite a despolitização da atitude. Para os estudantes que têm a posição de manifestar o comportamento em relação ao outro por meio da "brincadeira", atitudes dessa natureza lhes permitem inferiorizar o outro sem risco de punição. Para o estudante objeto da brincadeira, não admiti-la como incidente discriminatório é uma forma de minimizar o seu sofrimento, a humilhação e a perda de autoestima.

Carlos Hasenbalg[103] reflete sobre o comportamento de *negros* e *mulatos* atingidos por incidentes discriminatórios, e percebe que uns e outros "reduzem suas aspirações e deliberadamente limitam sua competição com os brancos, simplesmente para evitarem serem lembrados 'de seus lugares' e sofrerem humilhação pessoal implícita em incidentes discriminatórios". Lembra o autor que o grupo evita a discriminação ou ser atingido por ela e esta é uma "técnica de socialização utilizada pelos

[102] Neste tipo de classificação a noção de brincadeira é associada ao ato que causa dano e deixa de ser um ato que se faz irrefletidamente. As piadas preconceituosas somam-se às brincadeiras.

[103] HASENBALG, Carlos. *Op. cit.*.

pais não-brancos para ajustarem aspirações subjetivas às possibilidades objetivas e protegerem seus filhos de frustrações futuras"[104].

Amaral[105] transcreve a expressão de um informante no local de trabalho, que falou: "Eu só sofro brincadeira por parte do gerente da loja [...] ele me chama de preto, ele finge que brinca, mas eu percebo que ele fala sério, quando eu faço alguma coisa, ele me chama – 'Hei preto, vem cá!'". A discriminação, como manifestação do preconceito, penetra nas relações interpessoais e sociais, contudo, as evidências do conflito inter-racial são reduzidas[106].

As narrativas dos entrevistados permitem precisar o significado dos componentes racistas não contestados entre professores e alunos das escolas de Belém. O grupo estudado, formado por 16 professores – 12 do sexo feminino e 4 do masculino –, foi indagado sobre experiências com atitudes e ações discriminatórias, fora e dentro da escola. Treze deles[107] responderam ter vivenciado o preconceito e a discriminação na escola e relataram a sua linguagem, permeada por expressões verbais, mais ou menos agressivas. Contudo, para a maioria, o componente racista não foi abertamente identificado e, em casos excepcionais, a prática é coagida de forma mais disciplinar. Nas palavras de um professor que leciona em uma escola do Bairro do Guamá, destaca-se o discurso do racismo pela cor, associado à condição socioeconômica e à dificuldade de aceitar a diferença:

---

[104] HASENBALG. Carlos. *Op. cit.*, p. 200.

[105] AMARAL, Assunção José Pureza. *Da Senzala à Vitrine*: relações raciais e racismo no mercado de trabalho em Belém. Belém: CEJUP, 2004.

[106] O racismo fica evidenciado por meio da denúncia e registro de casos. A existência de estruturas jurídicas e políticas para tratar das questões raciais, como é a do racismo antinegro, favorece a revelação de suas formas e o mecanismo de combate. Uma evidência é trazida com o Conselho Municipal do Negro de Belém, criado em 1997: em menos de dois anos, recebeu 79 casos de racismo (AMARAL, Assunção José Pureza. *Op. cit.*, 2004, p. 25).

[107] Os entrevistados mencionaram situações de discriminação nas quais as vítimas foram familiares, amigos; alguns revelaram distanciamento do fato ou manifestaram dúvida em caracterizar tais comportamentos ou atitudes como racistas, preconceituosas. A banalização ou a superação da experiência é a regra. Entre os professores, apenas foi informado um caso de abertura de queixa na Corregedoria da SEDUC.

> "[...] as pessoas se reconhecem pela cor. É bairro de periferia, então tem pardos, bastante negros e essas situações são permeadas por uma situação de vida difícil. Volta e meia, os alunos estão se agredindo verbalmente. E volta e meia, você está ouvindo alguém chamar: 'Eh, Preto! Eh, Negão'. Como forma de denegrir tem: 'Ah, vaca! Ah, cachorra!'... que é outro tipo de relação, a de gênero. É muito uma relação que não é refletida.
>
> Então, quando tu vê isso entre os alunos e entre os professores também! A sala de aula acaba sendo um espaço para discutir isso, tentar discutir. Mas, até a hora em que se um aluno é negro dentro da sala e os alunos começam a chamar: 'Hei Preto!' Não sei! Ele não tem nome? Um conflito necessário entre os alunos. O preconceito que não é claro. Ele é velado, é escondido." (JRO).

Nas escolas, o reconhecimento de atos discriminatórios está associado a manifestações identificadas insistentemente como "veladas", "escondidas" e, ao mesmo tempo, qualificadas como problemas agravantes. Contudo, as diversas situações de discriminação racial relatadas, neste caso o racismo antinegro, e a discriminação sexual verbalizada contra homossexuais retiram o caráter velado. A dificuldade reside, talvez, em diagnosticar e reconhecer as situações de racismo no tratamento dispensado pelos professores e no componente subjetivo que lhes é peculiar. Que tipo de formação permitiria encarar, explicar, debater, reduzir, coagir o preconceito e a discriminação dentro e fora de sala de aula?

Os estudantes das escolas representam grupos de idade classificada na faixa de 11 a 14 anos (pré-adolescentes) e 15 a 20 (adolescentes) e mais de 20 anos (adultos). Segundo as observações, essa última faixa revelaria mais práticas de tolerância e convívio com a diferença. O primeiro grupo é menos tolerante, com maior incidência de "violência agressiva", "brincadeira maldosa" contra negros, homossexuais, brancos, gordos. No segundo grupo é igualmente frequente, apesar da redução de situações "graves".

Na comunidade escolar, o professor tem a função de ensinar e aprender. Ele, também, é observador participante das práticas que incidem e contribuem para a reprodução de preconceitos e formas discriminatórias.

O professor, quando persiste no uso da noção de "brincadeira", em lugar de expor o preconceito, deixa de indicar, entre os agentes da ação, o que está em jogo.

A descrição das relações entre os seus alunos, do ponto de vista de diferenças raciais, apontou a preocupação por mostrar um microuniverso escolar isento de discriminação e conflitos.

> Acontece uma coisa até interessante... Eu vejo que não há um desrespeito; pelo contrário, eu acho que eles convivem bem. Nunca se viu conflito. Ainda há aquela brincadeira com cunho racista, realmente mais agressiva. A gente não percebe isso... Inclusive algumas meninas, elas ficam brincando com meninos negros, chamando de "negro lindo".

Outra frase de uma professora respondia: "isolamento nunca observei. Mas brincadeiras existem mesmo, quando se referem aos colegas, como, por exemplo: 'Além de preto, ainda é feio!'".

Nesta expressão o componente racista é eloquente. Na primeira frase, a ideia de naturalização das relações, gestos, palavras – posicionada na escala da afetividade, do gracejo, pois não é marcada pela agressão ou hostilidade explícita – ilude outro componente. As "meninas", chamando o menino negro de "negro lindo", evitam qualquer palavra pejorativa. Desta forma, o discurso do elogio torna menos agressiva a diferença, assinalando uma essência – cor <u>negra</u>, mas <u>lindo</u>. Estas expressões se enquadram no racismo sutil, delicado, refinado. Esse racismo se situa à metade do caminho entre o consciente e o inconsciente e é, para o agente vítima, ao mesmo tempo, inaceitável e incontrolável.

O racismo banal ou a percepção popular não tem uma preocupação com o discurso ou a análise, enuncia-se em termos de casualidade. Colette Guillaumin define-o também de sincretismo. Nele não ocorre a distinção entre o somático e o simbólico, percebidos como uma única e mesma realidade. Este é diferente do racismo doutrinal ou teórico, que estabelece uma relação de "causa e efeito" entre as formas somáticas (tanto morfológicas quanto genéticas; tanto superficiais como profundas) e as formas sociais (história, sistemas religiosos ou jurídicos, regras de alianças ou costumes)[108]. O racismo sincrético, imediato ou de rua, pode entrar pela forma somática, simbólica[109]. Esse tipo de racismo encontra um campo fértil nas escolas que estamos estudando e isto se deve ao ocultamento e à falta de debate em vários níveis do racismo, pois, apesar de sua condenação por lei (Constituição Federal de 1988), não existe tradição de adesão às normas universalistas de direitos humanos, de tolerância às diferenças sociais e culturais. No Brasil, o antirracismo é um princípio da civilidade escolar dentro da instituição educativa que está em fase de construção. Entrementes, no seu lugar, impera a banalização que se constrói por meio da ideia de brincadeira.

Assim, compreende-se a dificuldade de dar o tratamento analítico às práticas que se revelam no dia-a-dia da sala de aula. Carlos Hasenbalg interpreta que no Brasil "a desigualdade de oportunidades é manifestada e cristaliza-se em desigualdades sociais ao longo de linhas raciais, sugerindo a existência de discriminação contra os não brancos"[110]. Todavia, o racismo antinegro é velado, camuflado, porque a sociedade não se assume racista. Nesse discurso, outros atributos diferenciais ocupam o lugar e são confundidos com questões econômicas, culturais, educacionais e tidos, então, como explicação para a discriminação[111].

A gênese do racismo antinegro é comumente explicada pelo passado histórico. Não há, contudo, sugestão de explicação para a sua persistência ou que aponte, como escreve Hasenbalg, "os complexos e diversificados interesses do grupo racialmente supraordenados no presente" e, também, como estes interesses atribuem, definem a posição relativa dos grupos raciais dentro de uma hierarquia praticamente inalterada[112]. Isso significa que a interpretação que se fundamenta somente no passado histórico não é suficiente, ela necessita de recorrer a outros argumentos.

---

108 GUILLAUMIN, Colette. La "difference culturelle". In: WIEVIORKA, Michel. *Op. cit.*, p. 149-152.

109 *Ibidem.*

110 HASENBALG, Carlos. *Op. cit.*, p. 167.

111 AMARAL, Assunção José Pureza. *Op. cit.*, 2004, p. 20.

112 HASENBALG, Carlos. *Op. cit.*, p. 117 e 163.

O professor JRO elaborou discurso naquela ordem: "Eu explico basicamente pela história... Nas sextas, onde a gente discute melhor... Toda a sociedade ocidental. Sim. Negro! É inferior? É burro? Nada, nada. É preconceito! Fazer o aluno se orgulhar do que ele é".

Neste sentido, emerge a questão da identidade ou o hábito de pensar a identidade "ser negro", "ser mestiço", "ser amarelo", "ser branco" e de pensar a diferença. Dentro de tal perspectiva, a realidade nacional seria pensada a partir de uma visão de sociedade dividida em grupos racialmente distintos. A cor, assim, acaba por constituir uma forma de classificar as pessoas, que assumimos como natural. Munanga escreve que é necessário observar a manipulação do biológico pelo ideológico, pois essas são "categorias cognitivas largamente herdadas da história da colonização"[113]. Tais categorizações são reelaboradas no chamado Mito da democracia racial. O racismo, como construção ideológica incorporada por meio de um conjunto de práticas materiais de discriminação racial, "é o determinante primário da posição dos não brancos nas relações de produção e distribuição"[114].

No cotidiano da instituição escolar, estão presentes atitudes, ações, atos, práticas discriminatórias, conforme se depreende dos relatos dos entrevistados, mas apenas os casos extremos são enfrentados pelas autoridades – professor(es) e direção da escola. A professora ACF, que trabalha em uma escola do Guamá, relatou uma situação limite:

> "Sempre existem alguns casos. Chegam ao extremo e a gente tenta coibir, tratar com respeito. Não pode impor uma coisa que o outro não quer. Às vezes, chega ao extremo. Houve um caso de manhã. Um caso sério. Entendeu?! Os professores tiveram de intervir. Teve um aluno que ele tem bastantes problemas em casa. Na escola estava com comportamento agressivo e tudo. Mas ele estava sendo xingado no intervalo. Aquela coisa de fazerem coisas grotescas como chacota com ele, mas agora acalmou. [...] Eu tive de chamar a turma e dar

113 MUNANGA, Kabengele. *Rediscutindo a mestiçagem no Brasil*: identidade nacional versus identidade negra. Petrópolis: Vozes, 1999, p. 18.

114 HASENBALG, Carlos. *Op. cit.*, p. 114.

aquele sermão mesmo. São alunos da sexta série. São grandes, são entendidos e havia um grupo que estava todo tempo escolhendo ele para ser o cristo. Eu tive de ir ao grupo. Já passou do controle. A mãe teve de vir na escola. Foi para acabar."

O caso retratado informa o nível de violência e de sofrimento do estudante. A situação da vítima do preconceito e discriminação não se reverte facilmente. Outra educadora admitiu: "Existem, sim, **brincadeiras** que deveriam ser logo cortadas para não criar traumas entre eles, que são ainda adolescentes". Ao ser perguntada sobre a estratégia adequada para tal fim, respondeu: "Conversando com estes, mostrando suas igualdades enquanto brasileiros. Na Geografia, dentro dos temas: 'Colonização da África', 'Política do *apartheid*'". Cabe aferir a efetividade do tratamento realizado pelos professores com os adolescentes e, neste caso, se a "lição de moral", de última hora, tem o efeito atingido entre os estudantes, de forma a não incorrerem em práticas discriminatórias e preconceituosas.

Feixe de práticas e relações sociais na Escola: discriminação

A discriminação experimentada na comunidade escolar revela-se no feixe de relações entre alunos, entre professores, entre alunos e professores e, ainda, entre categorias de agentes que têm presença nesse "campo". A centralidade da comunidade escolar está no professor: "principal instrumento de seu trabalho, que envolve a pessoa em sua totalidade: intelecto, afeto, habilidades científicas e técnicas, permeadas por sua formação ética, política e cultural"[115]. Esta identidade do professor como agente social e o seu modo de pensamento e prática se ampliam para reconhecer o *habitus* professoral e suas práticas sociais.

Bourdieu estabelece a relação entre o agente e o *habitus* para pôr em evidência que o *habitus*[116] é um "conhecimento adquirido e também

[115] DUTRA, Rosângela de Moraes. Prazer e sofrimento no trabalho docente: estudo com professoras de ensino fundamental em processo de formação superior. *Revista Psicologia: Organização e Trabalho*, Florianópolis, v. 5, n. 1, p. 150-183, jan./jun., 2005.

[116] Pierre Bourdieu (*O poder simbólico*. Tradução de Fernando Tomaz. Rio de Janeiro: Bertrand do Brasil, 2005) define o *habitus* científico: "É uma regra feita homem ou, melhor, um

um *haver*, um capital [...] indica a disposição incorporada, quase postural"[117]. Esta noção "exprime sobretudo a recusa a toda uma série de alternativas nas quais a ciência social se encerrou, a de consciência (ou do sujeito) e do inconsciente, a do finalismo e do mecanicismo, etc"[118].

O trabalho de educar é perpassado pelas condições sociais de produção do agente e por suas práticas sociais informadas pelo lugar no qual o agente se encontra e pelas condições institucionais do exercício de sua função (formação, controle, recrutamento, promoção, remuneração, reconhecimento). Ainda, o trabalho educativo nas instituições públicas é dirigido para grupos marcados pelas desigualdades econômicas, sociais e culturais das famílias[119].

O ato de ensinar e aprender, quando opera com base em um relativismo simplificador das relações raciais e de gênero, produz a negação do preconceito, da discriminação, reduzindo à banalização e iniciando um jogo de neutralização e de distanciamento dos agentes, incluída a relação entre os professores. O professor JRB identifica-se como negro e responde sobre as relações entre os seus colegas, do ponto de vista de diferenças raciais: "Nunca. Já soube de conflitos de professores com alunos". A professora C. D, quando foi solicitada a descrever as relações entre os seus colegas, deu este depoimento: "Não tem. Quando pinta alguma forma, é por **brincadeira**. Mas existe sim. Um diz pro outro: 'Olha o preto!'. Mas não tem não, mas como a gente tem uma relação muito grande, ninguém esquenta a cabeça."

---

modus operandi científico que funciona em estado prático segundo as normas da ciência sem ter estas normas na sua origem: é esta espécie de sentido do jogo científico que faz com que se faça o que é preciso fazer no momento próprio, sem ter havido necessidade de tematizar o que havia de fazer, e menos ainda a regra que permite gerar a regra de conduta adequada. [...] Ele procede por indicações práticas, assemelhando-se nisso ao treinador que imita um movimento [...] ou por 'correções feitas' à prática em curso e concebidas no próprio espírito da prática [...]" (p. 23).

[117] BOURDIEU, Pierre. *Op. cit.*, 2005, p. 61.

[118] *Idem*, p. 60.

[119] A reflexão da psicologia social sobre a comunidade escolar situa como componente das relações sociais o vínculo afetivo, uma das condições para a efetividade do trabalho docente (DUTRA, Rosângela de Moraes. *Op. cit.*, p. 162-163).

A banalização da atitude discriminatória, identificando-a como brincadeira, é feita na relação entre pares, minimizando o impacto individual e social do ato e produz a renovação do preconceito. O terceiro depoimento, de uma professora que se identificou como negra, foi mais incisivo em mostrar as asperezas do racismo e do preconceito que desvaloriza o outro: "Os conflitos entre nós não estão muito claros, lá no fundo... E quando o conflito se acirrar, ele aparece. 'É preto, não sei quê! Tu não vale nada!' A maioria é mulher, mas a maioria não é negra. Tem bastante branca".

As relações profissionais tendem a ser cada vez menos de cooperação, de trabalho em equipe, em decorrência das condições institucionais (carga horária excessiva, baixa remuneração, falta de material didático...). A competição e a insegurança diminui o feixe de relações de trabalho, a identificação de objetivos coletivos, o ideal de contribuição social e política.

Na relação alunos e professores, o preconceito e a discriminação são examinados, muitas vezes, como transgressão do princípio de autoridade e da hierarquia da instituição, ou como quebra da autoridade e da hierarquia pela maior intensidade e aproximação afetiva entre os agentes. Indagada, uma professora que leciona em uma escola do Guamá, a propósito de situações em que ela ou pessoas próximas do seu convívio enfrentaram atitudes discriminatórias dos alunos e de qual foi sua reação, narrou:

> "Quando comecei minha carreira, eu explodia com facilidade diante dessas situações. Hoje, conto até 10, peço ao aluno para pedir desculpa e, na aula seguinte, faço referência a um texto ou filme sobre a questão da aula anterior".

Neste caso, a posição vigilante da professora a propósito do que está em jogo, apreende parte da realidade, mas, surpreendida pela situação, atrai a atenção para a autoridade (desmoralizada). O efeito é retardado e, somente na aula seguinte, introduz o elemento de reflexão coletiva, talvez neutralizado pelo exemplo do texto ou do filme.

Diante de incidentes discriminatórios provocados pelos alunos em relação aos professores, outros discursos chamam a atenção para a naturalização, biologização da identidade, do ser negro na atitude do professor. ACT, lecionando em uma escola do Guamá, estabelece um diálogo sobre sua autorrepresentação:

> "Eu realmente nunca sofri. Eu sou negra assumida, talvez por isso. Eu me assumo na sala como negra, às vezes até brinco na sala de aula quando a gente está falando sobre raça e os alunos falam: 'Professora a senhora não é negra'. E eu respondo: 'Sou sim, olha o meu cabelo de carapinha'. Eu me coloco como negra. Já aconteceu. Não comigo, mas com pessoa de minha família, desconheço. Eu realmente fiquei assim um pouco espantada. Talvez por a gente estar esperando. A gente nem se choca. Mas a pessoa à qual foi dirigida sabe se defender muito bem."

A ambiguidade se revela no jogo da identidade individual, quando ela afirma que "é negra assumida"[120] e, em seguida, os alunos apontam: "Professora, a senhora não é negra". De imediato, ela produz para o grupo a representação por elementos físicos como o cabelo *carapinha*, que é um identificador do negro para o racismo cultural. Mas sua narrativa é hermética, quando afirma: "Eu realmente fiquei assim um pouco espantada... A gente nem se choca". Estes fragmentos mostram neutralidade, naturalização de pontos de vista. Esta construção dificulta a compreensão das práticas discriminatórias. Não se trata apenas, em relação a esses discursos, de expor dissensos e grupos de interesses que se chocam, mas ir ao âmago do racismo, do preconceito e da discriminação.

A leitura da normalidade utiliza-se de uma visão de convívio e de paz racial entre pessoas de cores diferentes. Por essa perspectiva, a convivência não é vista como conflitante entre "pessoas ditas brancas e pessoas de cor negra". Mas os entrevistados sublinham um Brasil que "não é bicolor e onde todos vivem bem". Nessa lógica, não são admitidas as diferenças na escola. Admitindo-se a existência de conflitos, as explicações reportam-se à "origem racial do povo brasileiro", segundo a

---

[120] Apenas três professoras produziram uma identidade: "Eu sou negra assumida". Outra o fez estabelecendo uma identidade, quando diz: "A gente que não é branco, a gente sente, mesmo que não seja com a gente".

professora OSC. Porém, tal explicação foi ouvida de uma professora que viveu uma situação de discriminação e procurou a "corregedoria do SEDUC"; portanto, tinha a perspectiva de direitos, logo negada, para adesão ao discurso da sociedade multicultural, de plena democracia racial.

A inversão do mundo social é dramaticamente estabelecida pela vontade de forjar a realidade. A professora MJD afirma que, no Brasil, "a miscigenação é muito marcante e diversificada e, assim, dentro do ambiente da escola não pode e nem se observa distinção". O professor busca, continuamente, renegociar o consenso com base no multiculturalismo, no discurso da *miscigenação*.

Nenhum dos professores situou a discriminação e o preconceito com base na legislação. Os marcos legais sobre discriminação racial, presentes na *Constituição de 1988* e na Lei nº 10.639/2003, não são do conhecimento dos professores, pois não são utilizados como argumento. Muito menos é de conhecimento dos alunos, muitos deles adultos. Entretanto, a Lei daria possibilidade de instalar "novas sensibilidades" e introduzir mudanças na moral vigente. O conhecimento jurídico contribuiria para dar desenvolvimento gradual àquilo que está no corpo jurídico. Essa orientação daria condições de explorar a "pulsão ética" ou "desejo ético".

Ensinar e aprender a diferença na sociedade desigual

A Escola é o lugar privilegiado para apreender as diferenças e possibilidades de transformação. Atitudes, comportamentos e identidades constroem-se em grupos sociais de referência, no espaço social, começando pela família. Mas quais as estratégias e os dilemas para romper com a codificação e esquemas de hierarquização étnico-racial? Se estes esquemas são construídos fora da Escola, caberia a ela invertê-los com a elaboração de estratégias de ensinar e aprender a alteridade.

O conteúdo programático nas escolas apresenta inúmeras situações para abordar as desigualdades sociais e étnicas. Os professores indicam que o programa da Secretaria Estadual de Educação do Estado do Pará introduz esses temas no planejamento de disciplinas como Sociologia. A professora TLT mencionava o interesse que os "textos" despertam nos alunos. "Essa parte voltada para o social é muito interessante e bem apropriada, a das classes sociais [...] quando é para falar nas classes sociais, eles têm um interesse maior". A disciplina é lecionada para jovens e adultos de 17 a 35 anos. O interesse, somado à informação, proporciona abertura para novos conteúdos, de forma a ampliar a visão do senso comum de temas como desigualdade social e racial. Mais adiante, sistematizamos os conteúdos e materiais utilizados para a abordagem da diferença, desigualdade e racismo (Quadros I e II).

A pesquisa nas escolas públicas buscou identificar o acesso de professores e alunos ao material didático. As observações sobre a infraestrutura revelam as condições de funcionamento das escolas públicas de Belém, tanto em bairros centrais (Nazaré e Umarizal) quanto nos periféricos (Telégrafo e Tapanã). Do conjunto de escolas analisadas, destaca-se a Escola Estadual Deodoro de Mendonça, na qual uma sala pequena funciona como biblioteca, laboratório de informática (com poucos computadores) e de multimídia. As demais escolas não vivem a mesma situação. As escolas Aldebaro Klautau e Santo Afonso possuem sala diminuta com alguns recursos didáticos. No prédio da Escola Pinto Marques, com excelente localização no Centro da cidade, segundo a professora que respondeu ao formulário, o laboratório – aberto recentemente – é deficiente de recursos didáticos.

As escolas do Guamá[121] e Tapanã acumulam problemas crônicos devido à falta de manutenção dos prédios. Dificilmente, no projeto arquitetônico dessas escolas, consta uma biblioteca com sala de leitura. A maioria das escolas não dispõe, nas salas de aula, de tomadas para alimentação de equipamentos eletrônicos (tais como computadores, impressoras, projetores, reprodutores de vídeos, etc.). E mesmo recursos dessa natureza não são acessíveis a grande número de professores (como computadores pessoais e acesso à Rede Mundial de Computadores). Apesar de existir elevada expectativa nas tecnologias de informação,

[121] O Bairro do Guamá abriga o maior contingente de crianças fora da sala de aula em Belém. São praticamente 615 mil pessoas, de 7 a 14 anos, que teriam abandonado as escolas ou estão sem matrícula. Uma entrevistada, que leciona em uma escola do bairro, comentou que o ano letivo se inicia com 30 ou 40 alunos e termina com 10 ou 15 alunos.

sabe-se que a sua incorporação nos processos do sistema de ensino formal é limitado pelo acesso de professores e das escolas.

Alunos e professores das escolas Frei Daniel não têm biblioteca para fazer pesquisa. As unidades escolares Barão de Igarapé-Miri, Frei Daniel e Alexandre Zacarias de Assumpção foram ampliadas ou recém-construídas. No entanto, as novas estruturas foram executadas sem privilegiar o conforto ambiental, favorecendo a ventilação de áreas utilizadas para eventos lúdicos entre os alunos. O Guamá é um bairro de alta densidade demográfica, contudo as escolas não dispõem de espaços para atividades culturais e esportivas.

Dessa forma, a reclamação recorrente entre os professores é a ausência de bibliotecas e a limitação do acervo, o que dificulta a leitura de textos e informações atualizadas para os trabalhos acadêmicos. Neste caso, os alunos e alguns professores recorrem à biblioteca pública do Centro Cultural Tancredo Neves. Nas escolas que possuem alguns livros, os títulos são poucos e, regra geral, desatualizados. Os recursos didáticos mais utilizados em sala de aula são quadro-negro, giz e reprodução de excertos de livros; inclusive, algumas disciplinas, como a de Estudos Amazônicos, não contam com livros didáticos[122].

Os professores fizeram referência, ainda, às dificuldades de uso de livros didáticos com as turmas de Ensino Médio, em função do alto custo. Como eles não são fornecidos pela Secretaria de Educação do Estado, a aquisição fica por conta das condições financeiras dos alunos. Mas este não é um problema que atinge apenas o Ensino Médio. Vários agentes escolares do Bairro do Guamá – em contatos formais ou informais com os pesquisadores – afirmaram que o material didático disponível nas escolas do bairro é insuficiente para oferta de Educação de qualidade. Ainda permanece a aula expositiva e o uso da voz como únicos instrumentos de trabalho dos professores. Desta forma, existe um hiato profundo com projetos de renovação do sistema escolar que supõem o uso de meios eletrônicos.

[122] A propósito de discriminação sexual e preconceito contra homossexuais, não foram indicados os materiais introduzidos em sala de aula.

A observação generalizada é a falta de materiais para abordar o tema, justificado pelas reticências no currículo escolar e no corpo legal. Entretanto, as posições sobre a importância de referências bibliográficas não são unânimes. Um dos professores afirmou: "Não há necessidade de livros. É um tema transversal. Acho que em todas as disciplinas você pode trabalhar esse tema, se você *vir algum comportamento* que chama atenção".

Neste caso, o professor incorre no risco de tratar o fato que lhe chama a atenção com recursos que não foram submetidos à crítica pela pesquisa sistemática. Bachelard escreveu:

> "A opinião pensa mal; não pensa: traduz necessidades em conhecimento[...] O espírito científico proíbe que tenhamos uma opinião sobre questões que não compreendemos, sobre questões que não sabemos formular com clareza. Em primeiro lugar, é preciso saber formular problemas. E, digam o que disserem, na vida científica os problemas não se formulam de modo espontâneo"[123].

As ciências sociais têm mostrado reiteradamente a complexidade de abordar esse tema. A discriminação e o preconceito não constituem um fenômeno invariável, não é exclusivo do Negro – do contrário, como explicar o racismo, por exemplo, subjacente às guerras de caráter étnico, os preconceitos de ordem religiosa[124]? O professor, em cada situação, necessita ser capaz de "decodificar" o discurso discriminatório e agir sobre ele. Na maioria das escolas, o domínio de professores sobre a questão étnica e, especialmente, sobre a situação do negro e do índio na sociedade paraense não faculta o debate sobre posições etnocêntricas e racistas. Isso se deve à persistência do uso da "opinião" em lugar da reflexão sistematizada. A opinião leva, muitas vezes, à negação das desigualdades ou à atribuição de normalidade às "brincadeiras". O recurso a análises de natureza científica contribuiria, certamente, para a elaboração de abordagens que superassem o senso comum.

---

[123] BACHELARD, Gaston. *A formação do espírito científico*: contribuição para uma psicanálise do conhecimento. Tradução de Estela dos Santos Abreu. Rio de Janeiro: Contraponto, 1996.

[124] WIWVIORKA, Michel. *Racisme et modernité*. Paris: Ed. La Découverte, 1993.

Podemos, agora, retomar a consideração sobre ética, conduzida por Rita Segato[125], para quem a "ética é inquieta, ética da incomodidade". Ela toma emprestadas as concepções de dois pensadores que afirmam ser necessário "nunca consentir em estar completamente cômodo com nossas próprias pressuposições[126]. E mais adiante:

> A ética [...] é o que nos permite estranhar nosso próprio mundo, qualquer que seja, e revisar a moral que nos orienta e a lei que nos limita. Por isso, podemos dizer que constitui o princípio motor da história dos direitos humanos. Ser ético, entendido desta forma, é acolher a interpelação do intruso, do diferente no nós da comunidade moral, especialmente quando o intruso, em sua intervenção não pode ou não poderia ter controle material sobre as condições de nossa existência, quando não intervém em nossa vida a partir de uma posição de maior poder[127].

Essa reflexão pode permitir também inventar o educador que dirige seu olhar para o outro com o fim de conhecê-lo e se conhecer no outro.

Considerações finais

O papel da escola é desconstruir o conhecimento produzido pela cultura dominante e ajudar a construir um outro saber. A dimensão ética é essencial nas práticas de ensinar, aprender e debater a educação em uma realidade desigual. Contudo, essa dimensão é prejudicada pela naturalização de práticas que discriminam, expressam visões preconceituosas e estabelecem formas perniciosas de socialização, pois instauram, com o referendo da instituição escolar, uma justificação para práticas nocivas de alteridade.

---

[125] SEGATO, Rita Laura. Antropologia e Direitos Humanos: alteridade e ética no movimento de expansão dos Direitos Universais. *Mana*, Rio de Janeiro, v. 12, n. 1, p. 207-236, 2006, p. 224.

[126] FOUCAULT, Michel. For na ethic of discomfort. *Apud* Rita Laura Segato. *Op. cit.*

[127] SEGATO, Rita Laura. *Op. cit.*, p. 227-228.

Nesse sentido, a legislação, a exemplo da Lei nº 10.639/2003, introduz dimensões do aprendizado, associando conteúdos a fundamentos filosóficos e políticos para posicionar-se no campo das relações de alteridade. Fomentar uma discussão de ética e cidadania tem como eixo a reflexão sobre a *práxis* intencional na vida social, que possui planos ou objetivos preestabelecidos. Esta se opõe à *práxis* sem projetos, nem sujeitos conscientes. É uma *práxis* reflexiva, desde que possui condições de apresentar elementos para a reflexão sobre o agir das pessoas em sociedade[128].

Aprender é uma ação coletiva e, talvez, o ponto de inflexão ocorra a partir de uma reflexão que envolva o conjunto de professores[129]. O impulso que parte da Lei conduz à formação do docente, de forma que ele tenha a competência necessária para tratar os temas em questão a partir de aportes consolidados. O objetivo é livrá-lo das armadilhas da opinião, que muitas vezes não consegue sair do círculo de informações incompletas, enviesadas, inconsistentes.

O acesso às reflexões consolidadas e o debate sobre o que elas encaminham, envolvendo professores e alunos, são os meios para romper a nebulosidade da discussão nos muros da escola. A atitude reflexiva, observadora e crítica é fundamental para produzir outra leitura da alteridade, dos direitos, da necessidade de inversão da ordem dominante. Essa atitude é coerente com novas práticas sociais e a formação do *habitus* professoral ativo e criativo na discussão da sociedade desigual e da existência de grupos racializados. Se o Brasil tem que tirar a máscara, nas escolas precisa-se começar por retirar, queimar e exorcizar o medo da diferença.

---

[128] PEREIRA, Nilda da Silva. A ética como práxis na educação da infância. In: GONÇALVES, Luis Alberto Oliveira; PINTO, Regina Pahim (Org.). *Educação*. São Paulo: Contexto, 2007. p. 201-216.

[129] Uma entrevistada informou sobre um debate abordando discriminação, realizado na escola onde lecionava, que foi bastante acirrado; contudo, permitiu "notar o preconceito".

QUADRO I – INFORMAÇÃO E FORMAÇÃO DE PROFESSORES PARA MINISTRAR DISCIPLINAS NAS CIÊNCIAS SOCIAIS

Disciplina lecionada-entrevistado	**Material didático para ministrar cursos da sua área de conhecimento e disciplina[130]**
Estudos Amazônicos Geografia	Livro didático, textos de jornais, revistas, audiovisual, jornal, documentários, novelas, filmes.
História	Livros do Ensino Médio não são adequados. Revistas de atualidade. Uso de textos, vídeos (dificuldade na escola pois a sala de audiovisual não era disponível. Número de alunos na sala (mais de 60) não permitia desenvolver atividades. A escola não oferece livros para os alunos.
Estágio supervisionado, Estatística, Metodologia das ciências	Jornais, revistas, livros didáticos: "tudo que propicie ver, julgar e agir".
Geografia – Estudos Amazônicos	Livro didático oferecido pela SEDUC. Apostilas de texto. Entrevistas.
História	Giz e quadro-negro. Não dá para passar filme porque não tem tomada na sala de aula. A sala de leitura está fechada. Usa livros didáticos enviados à escola pela SEDUC.
Sociologia	Textos: "Basicamente textos de música, filmes. O conteúdo acho bem ao nível dos alunos... só tenho restrições aos teóricos que, pra eles, é mais complicado. Muitos não têm maturidade para essa parte do conteúdo que fala desses teóricos, deveria ser mais voltado para o social. Essa parte é muito interessante e bem apropriada, a das classes sociais. Quando é pra falar nas classes sociais, eles têm um interesse maior".

130 A questão solicitada foi: Explicar o material didático utilizado para ministrar esses cursos e opinão sobre o conteúdo.

Estudos Amazônicos História	A escola não disponibiliza livros didáticos para Estudos Amazônicos. Só em História. Eles cobram muitos livros. A gente fez uma análise, os professores em geral, e chegamos à conclusão de que os alunos não sabem escrever. A letra é horrorosa, muitos erros grosseiros, graves, que não combinam com a série. A gente procura utilizar o programa da SEDUC. Não dá pra mexer muito, faz um planejamento e trabalho o ano inteiro. É só nossa voz e o quadro. Material primário, não tem material.
Geografia Estudos Amazônicos	DVD, filmes, transparências, cartazes, apostilas, pré-testes.
História	Apostilas e filmes.
Filosofia	Apostilas e materiais audiovisuais.
Geografia Estudos Amazônicos	A explicação ocorre dentro do próprio conteúdo da Geografia, utilizando textos, aula expositiva e outros recursos.
EMC Sociologia História	Livros didáticos, recortes de jornais, reportagens de Tv e revistas, etc. Procuro sempre dar a minha opinião sobre o conteúdo utilizado (concordando, discordando). Afinal, não somos obrigados a utilizar só autores que nos impõem o "certo", sem que tenhamos a oportunidade de dar nossa própria opinião.
História	Jornal, revista, livros didáticos. Um dos projetos é leitura de jornal e ler um livro inteiro e outros tipos de trabalho como teatro, seminários. O problema do livro é que não tem uma visão regional, uma linguagem diferenciada.
História	Livros, revistas, jornais, apostilas e filmes, etc.
Geografia	Quadro de giz, mapas, livros didáticos, materiais de pesquisas colhidos pelos sites da Internet, textos de jornais e revistas.
Geografia	Aulas expositivas por falta de recursos.

Fonte: Entrevistas com professores. Pesquisa de campo em maio e junho de 2007.

QUADRO II – FORMAÇÃO E INFORMAÇÕES PARA TRATAMENTO DAS RELAÇÕES RACIAIS EM SALA DE AULA[131]

Disciplina – Material para abordar relações raciais	**Comentários do entrevistado**
Estudos Amazônicos – Geografia Livros didáticos, livros paradidáticos, livros técnicos	Livros didáticos são superficiais. Paradidáticos (coleções) em Sociologia. Romances aceitos pelos estudantes. Livros de Sociologia (mais teóricos) não são aceitos pelos estudantes. Novelas da *TV Globo* (mostram o preconceito velado). O aluno prefere quando é chamado a dar sua opinião ou trazer seu material, geralmente são músicas e filmes.
História	Falta de livro especifico. Mediar entre diversos livros e tratamento das visões dos autores. Indicação de programas de TV. Notícias de jornal, revistas, filme.
História, Geografia, Sociologia, Português	O trabalhador deve aprofundar o tema aprofundando as leituras, despertar o ver, o julgar e o agir. Notícias e filmes, "rico potencial de disseminação de uma informação".
Geografia – Estudos Amazônicos	Filmes e notícias de jornais.
História	Não tem nenhum material. A gente trabalha em forma de projeto que fale de racismo, homossexualismo. A gente enfoca isso mais no nosso dia-a-dia. As conversas. A gente tenta parar e conversar. Quando sai algo interessante no *Fantástico*, no jornal, no *Globo Repórter*. Aí faz comentário. Os alunos ficam curiosos e dá para gente comentar.
Sociologia	Os livros didáticos, os de história. Apesar de que os didáticos, eu acho que, pra tratar dessa questão, não há necessidade de livros. É um tema transversal. Acho que todas as disciplinas você

[131] Duas questões foram apresentadas aos entrevistados: 1) Que livros permitem ao professor abordar relações raciais? 2) Que outros materiais utiliza para abordar os temas acima (indicação de programas de TV, notícias de jornal, revistas, filmes)? Indicaria outros?

	pode trabalhar esse tema, se você vir algum comportamento que chame a atenção. Notícias de jornais. Eu gosto de trabalhar com revistas. Eu assino revista. O professor não dá pra assinar revistas. Eu gosto de ler e dar, comentar em cima daquilo, uma coisa teórica, mas fazendo abordagem a partir de uma notícia.
Estudos Amazônicos História	Em Estudos Amazônicos, não tem livro. A gente está trabalhando textos. Com um de História tem uma parte que permite fazer isso. Não tem livro didático para tratar essa temática. O professor tem que buscar outros livros e recursos. Até esse livro que a gente está usando agora, ele puxa muito essa questão.
Geografia Estudos Amazônicos	Jornais, filmes, Internet.
História	Jornal nacional, jornal regional, filmes, etc.
Filosofia	Computador e Internet.
Geografia Estudos Amazônicos	Notícias de jornais, revistas, vídeos, cartilhas, debates, seminários, etc.
EMC Sociologia História	Não costumo citar livros ou autores, pois acredito que temos condições de observar em qualquer livro, especialmente, nos livros de História, nos recortes de jornais e revistas, essas situações, tanto quanto estão evidentes ou até nas entrelinhas. Livros de História e Sociologia, vídeos, jornais e revistas.
História	Existem poucos livros. Nos jornais "Vamos ver quem está lá hoje... a policial". Então, eu peço a eles para comparar. Não aparece um negro. Nem eu acreditei! O nosso problema de carga horária é terrível. Teria que ter mais tempo para escolher, planejar.
História	Aulas sobre a escravidão negra. Sugestões: *A escravidão no Brasil (relações sociais, acordos e conflitos)*, de Douglas Cole Libby e Eduardo Franco Paiva, Ed. Moderna; *África e Brasil: uma ponte sobre o Atlântico.* (Paulo Martinez, Ed. Moderna).
Geografia	São os que se trabalha a formação histórica e social, negros brasileiros, como o Nordeste, que seus espaços têm traços culturais deixados pelos negros que trabalharam na construção e na economia do Brasil. Isso nos dá exemplos de aulas que enriquecem o conhecimento. A cultura dos negros é bastante rica de aspectos que passaram para o povo brasileiro. Livro *Ser negro*

	no Brasil – editora Moderna. Site da Internet www.dhnet.org.brdireitossosdiscrim combateracismo.html, que nos da informações sobre essas questões.
Geografia	Frequentemente filmes.

Fonte: Entrevistas com professores. Pesquisa de campo em maio e junho de 2007.

O LIVRO DIDÁTICO E AS POPULAÇÕES INDÍGENAS: UM ESTUDO SOBRE AS REPRESENTAÇÕES FORMULADAS PARA O ENSINO FUNDAMENTAL

Mauro Cezar Coelho
Diogo Soares Camelo
Eveline Almeida de Sousa
Patrícia Raiol Castro de Melo

Os Livros Didáticos, nos últimos anos, sofreram modificações importantes, tanto a partir das críticas que lhes foram feitas desde a década de 1970[132], quanto pelas inovações nas propostas curriculares formuladas a partir de então. O debate acerca das diferenças étnicas e raciais e as reflexões recentes sobre diversidade cultural e/ou multiculturalismo[133], por sua vez, têm engendrado novas transformações nos

[132] Ver OLIVEIRA, Alaíde Lisboa de. *O livro didático*. Belo Horizonte: Eddal, 1972; NOSELLA, Maria L. C. D. *As belas mentiras*: a ideologia subjacente aos textos didáticos. São Paulo: Cortez & Moraes, 1979; FRANCO, Maria Laura P. Barbosa. *O livro didático de História no Brasil*: a versão fabricada. São Paulo: Global, 1982; FARIA, Ana L. G. de. *Ideologia no livro didático*. São Paulo: Autores Associados, 1984; MUNAKATA, Kazumi. Histórias que os livros didáticos contam depois que acabou a Ditadura Militar no Brasil. In: FREITAS, Marcos Cezar de (Org.). *Historiografia brasileira em perspectiva*. São Paulo: Contexto, 1998. p. 271-296.

[133] MCLAREN, Peter. *Multiculturalismo crítico*. Tradução de Bebel O. Schaefer. São Paulo: Cortez, 1997; GONÇALVES, Luiz Alberto Oliveira; SILVA, Petronilha Beatriz Gonçalves.

materiais didáticos. Impulsionadas pelos movimentos sociais de cunho identitário e pelos estudos culturais desenvolvidos nas diversas áreas das chamadas ciências humanas, as questões relativas à Diversidade e a Alteridade[134] alcançaram os Livros Didáticos, ao que parece, de forma definitiva.

Ambas as questões foram incorporadas pela discussão sobre a Educação, especialmente em função da atuação do Movimento Negro e Movimento dos Povos Indígenas, organizados em torno da luta pelos seus direitos e afirmação de suas identidades étnicas[135]. No que tange às populações indígenas, a luta secular foi impulsionada pela *Constituição de 1988*. Os debates ao longo da Constituinte foram diretamente atingidos pelas lutas pelo direito à terra e pela valorização de suas etnias, fortalecendo o movimento que, além do caráter reivindicatório com vistas à garantia de direitos históricos e à retomada de espaços, constituiu-se em processo de legitimação e valorização de suas identidades individuais e étnicas[136].

Surgidas, portanto, em meio a movimentos sociais, as temáticas da Diversidade e da Alteridade ganharam o mundo acadêmico e o universo

---

O jogo das diferenças: o multiculturalismo e seus contextos. Belo Horizonte: Autêntica, 1998; TRINDADE, Azailda Loretto da. Cultura, diversidade cultural e educação. In: BARBOSA, Raquel. *Multiculturalismo*: mil e uma faces da escola. Rio de Janeiro: DP&A, 2000. p. 17-32; GOMES, Nilma Lino. Educação e diversidade cultural: refletindo sobre as diferentes presenças na escola. *Revista do Museu Antropológico*, Goiânia, v. 3 e 4, n. 1, p. 9-17, 2000; MCLAREN, Peter. *Multiculturalismo revolucionário*: pedagogia do dissenso para o novo milênio. Tradução de Márcia Morais e Roberto Cataldo Costa. Porto Alegre: Artes Médicas, 2000.

134 DAYRELL, Juarez (Org.). *Múltiplos olhares sobre a educação e cultura*. Belo Horizonte: UFMG, 1996; DINIZ, Margareth.; VASCONCELOS, Renata Nunes (Org.). *Pluralidade cultural e inclusão na formação de professoras e professores*. Belo Horizonte: Formato Editorial, 2004.

135 HANCHARD, Michael. *Orfeu e o poder:* movimento negro no Rio de Janeiro e São Paulo (1945-1988). Tradução de Vera Ribeiro. Rio de Janeiro: EDUERJ, 2001; CARDOSO, Marco Antônio. *O movimento negro em Belo Horizonte* (1978-1998). Belo Horizonte: Mazza Edições, 2002; GARCIA, Januário (Org.). *25 Anos – 1980-2005:* movimento negro no Brasil. Brasília: Fundação Cultural Palmares, 2006.

136 COHN, Clarice. Culturas em transformação: os índios e a civilização. *São Paulo em perspectiva*, São Paulo, v. 15, n. 2, p. 36-42, 2001.

educacional – compondo linhas de pesquisa, currículos, diretrizes, encaminhamentos pedagógicos e políticas públicas[137]. Uma das disciplinas do currículo escolar que mais sofreu influência direta da incorporação dessas temáticas foi a História. Detentora de uma tradição que a relacionava à memória e a construção da nacionalidade a qual foi alvo de intensa crítica, a disciplina assumiu grande parte da responsabilidade pelo desenvolvimento do senso crítico nos alunos e da formação para a cidadania, percebida, agora, em uma perspectiva democrática.

Diante disso, o Livro Didático de História foi aquele material didático que mais direta e prontamente sofreu as influências de ambos os processos. Mas não só. Sendo o livro didático, no Brasil, um instrumento que constitui padrão curricular[138], o de História acaba por se tornar um difusor tanto dos princípios da democracia, da igualdade e da justiça social quanto da diversidade e pluralidade étnica e cultural.

Analisaremos, então, a seguir, os discursos referentes às populações indígenas, vinculados nos Livros Didáticos de História, das quintas e sextas séries do Ensino Fundamental, tomando como foco as representações neles contidas[139]. Nosso objetivo é compreender a forma pela qual tais representações se relacionam com as questões introduzidas no âmbito da Educação, por meio das temáticas do multiculturalismo, da diversidade e da inclusão.

---

[137] O universo acadêmico foi profundamente devedor das demandas dos movimentos sociais, tanto no que se refere ao estudo das populações afro-descendentes quanto das populações indígenas; ver Manuela Carneiro da Cunha (*História dos índios do Brasil.* São Paulo: Cia. das Letras; Secretária Municipal de Cultura; FAPESP, 1992) e Stuart B. Schwartz. (*Escravos, roceiros e rebeldes.* Bauru: Edusc, 2001). As Leis de nº 10.639/03 e 11.465/08 são resultantes de um longo processo de luta por uma educação pautada pela diversidade das perspectivas e não mais pelo eurocentrismo.

[138] ROSEMBERG, Fúlvia. *et al.* Racismo em livros didáticos brasileiros e seu combate: uma revisão da literatura. *Educação e Pesquisa*, São Paulo, v. 29, n. 1, p. 125-146, jan./jun. 2003.

[139] Adotamos, na análise, o conceito de Discurso, tal como ele é formulado por Mikhail Bakhtin (ver *Marxismo e filosofia da linguagem.* São Paulo: HUCITEC, 1988; *Questões de literatura e de estética*: a teoria do romance. Tradução de Aurora Bernardini. São Paulo: Editora Unesp, 1993), e o conceito de Representação na formulação de Roger Chartier (ver *A história cultural* – entre práticas e representações. Lisboa: DIFEL; Rio de Janeiro: Bertrand, 1990).

Ensino de História, Livro Didático e Populações Indígenas

Os Parâmetros Curriculares Nacionais elegem a preparação do aluno para a vida em sociedade, por meio do desenvolvimento do senso crítico e da formação para a cidadania, como um dos objetivos do Ensino Fundamental. A disciplina História contribuiria para essa formação, introduzindo na formação de crianças e adolescentes o reconhecimento e a valorização da diversidade e da diferença e os princípios de igualdade e justiça social[140].

O Livro Didático de História, como parte integrante dessa concepção de Ensino de História e de Educação, participa da divulgação e construção desses objetivos. Essa participação vem se dando, nos últimos vinte anos, pelo menos, por meio da reformulação dos Livros Didáticos, com a incorporação de conteúdos que evidenciem a diversidade cultural e com a elaboração de estratégias pedagógicas que estimulem o diálogo e o exercício da tolerância. Há de se reconhecer, portanto, que o Livro Didático se vem ajustando às novas exigências curriculares para o Ensino Fundamental.[141]

As populações indígenas se relacionam de modo especial aos objetivos do ensino de História, como a afirmação da identidade, o exercício da cidadania e a valorização da diversidade cultural, em função de sua condição histórica e de suas atuais demandas. O fato de terem permanecido como grupos distintos, a despeito de toda a violência de que foram objeto e as lutas que protagonizam em defesa de seus direitos, coloca-as como agentes privilegiados para o tratamento daqueles objetivos[142]. As populações indígenas, neste sentido, são tomadas como

---

[140] Ver BRASIL, Secretaria de Educação Fundamental. *Parâmetros curriculares nacionais*: história e geografia. Brasília: MEC/SEF, 1998, p. 5, 29-33.

[141] O Programa Nacional do Livro Didático tem contribuído sobremaneira para a reformulação do Livro Didático. Sobre o assunto, ver MIRANDA, Sônia Regina; DE LUCA, Tânia Regina. O livro didático de história hoje: um panorama a partir do PNLD. *Revista Brasileira de História*, São Paulo, v. 24, n. 48, p. 123-144, 2004, p. 136.

[142] Ver a oportuna reflexão de Reinaldo Matias Fleuri sobre a necessidade de diálogo entre culturas no processo educacional (Educação intercultural: a construção da identidade e da diferença nos movimentos sociais. *Perspectiva*, Florianópolis, v. 20, n. 2, p. 405-423, jul./dez. 2002).

exemplo de aceitação do outro, do diferente, convertendo-se, então, em objeto do exercício da tolerância, participando, então, da formação civil do aluno.

Voltemos ao Livro Didático, para que possamos dimensionar seu papel na conformação de uma representação do índio, adequada aos objetivos do Ensino Fundamental e do ensino de História. Sabe-se que, no dia-a-dia da Educação brasileira, muitas vezes, o Livro Didático acaba adquirindo uma importância maior que sua função inicial, "determinando conteúdos e estratégias de ensino"[143]. O Livro Didático de História acaba por realizar mais que isso, pois problematiza a memória e o imaginário social de modo a conformar visões de mundo. Pelo fato de ser um dos suportes de leitura e da memória social mais utilizados por crianças e adolescentes, ele constitui um poderoso instrumento de conformação de visões de mundo, pois estas aparecem no Livro Didático como conhecimento e não como posição assumida por esse ou aquele autor.

A literatura que discute os Livros Didáticos de História levanta uma outra preocupação relacionada a essa questão. Ernesta Zamboni a situa como a distância existente entre o texto didático e universo cultural dos alunos. A autora ressalta que o texto didático não é o conhecimento histórico enquanto tal, mas uma construção que o transforma em conhecimento histórico escolar. O problema é que esse texto, que guarda um distanciamento em relação ao conhecimento acadêmico, guarda outro em relação ao aluno. Isto se deve, principalmente, em função do uso de conceitos e imagens descontextualizados[144].

Outra questão ressaltada pela literatura é o fato de que os Livros Didáticos obedecem não apenas às demandas curriculares, mas, também, à lógica mercadológica editorial. Como aponta Circe Bittencourt,

---

[143] FIGUEIREDO, Célia Cristina de. Aspectos políticos e econômicos da circulação do livro didático de História e suas implicações curriculares. *História*, São Paulo, v. 23, n. 1-2, p. 33-48, jul./dez. 2002. Ver, também, sobre o uso do Livro Didático, como um substituto dos currículos formais, OLIVEIRA, João Batista A. e; GUIMARÃES, Sônia D. P.; BOMENY, Helena Maria B. *A política do livro didático*. São Paulo: Summus, 1984, p. 73.

[144] ZAMBONI, Ernesta. Representações e linguagens no ensino de História. *Revista Brasileira de História*, São Paulo, v. 18, n. 36, p. 89–101, 1998, p. 96.

o Livro Didático é uma forma de controle curricular, é um suporte do ensino escolar, mas não se pode perder de vista que ele está ligado a um mercado[145]. As implicações na produção dos livros didáticos são, portanto, de ordem pedagógica e mercadológica: as inovações técnicas e editoriais trazem um novo padrão para os livros (a formatação e a diagramação, por exemplo) que interfere na sua produção e nas possibilidades de uso; as novas perspectivas historiográficas também atribuem novos conceitos nessa indústria cultural da qual o livro didático faz parte.[146]

O Livro Didático possui, portanto, duas dimensões que permeiam a sua produção e o seu uso: o mercado editorial livreiro e seu aspecto pedagógico-curricular. Na primeira delas, seguem-se as regras da lógica de mercado; na segunda, respeitam-se as diretrizes curriculares. Em ambas as dimensões, o Livro Didático expressa uma cultura escolar construída socialmente. As noções de etnicidade e multiculturalismo, por exemplo, passaram a constituir o currículo e o próprio Livro Didático em função, em grande parte, da articulação dos movimentos sociais e de grupos étnicos, os quais exigiam o reconhecimento de sua identidade e valorização de sua cultura. No entanto, a apreensão e a apropriação que ele faz de conceitos, noções e temáticas diz respeito a uma ordem de fatores que, ainda que relacionada aos movimentos que originaram a sua introdução, guarda certa autonomia, pois corresponde às suas diversas dimensões – produto de mercado, bem cultural que engendra visões de mundo e suporte pedagógico.

A inserção de temáticas transversais, do multiculturalismo e da diversidade nos livros didáticos de História, é orientada pelo Estado. Os parâmetros curriculares nacionais e as propostas curriculares estaduais recomendam que os conteúdos de História primem pela valorização e transversalização das histórias de povos diferentes, das culturas diversas, eliminando qualquer possibilidade de intromissão de preconceitos na

---

[145] BITTENCOURT, Circe. *Ensino de história*: fundamentos e métodos. São Paulo: Cortez, 2004, p. 298.

[146] MUNAKATA, Kazumi. *Op. cit*, p. 274-277.

formação dos alunos[147]. Conforme pontua Regina Pahim Pinto, "os Parâmetros Curriculares propõem uma educação comprometida com a cidadania, elegendo princípios que devem orientar a vida escolar como dignidade da pessoa humana, igualdade de direitos, participação, corresponsabilidade pela vida social[148]".

Na proposta curricular da Secretaria Estadual de Educação do Estado do Pará, as habilidades indicadas estão relacionadas a três eixos fundamentais: o domínio dos processos históricos, a formação da cidadania e a interação na diversidade cultural. Capaz de compreender o mundo que o cerca, por meio do senso crítico, o aluno deve *perceber-se integrante, dependente e agente transformador da realidade social*[149]. As editoras precisam se adequar a essa postura. Problematizar a questão das etnias indígenas nos discursos didáticos dos livros de História tornou-se fundamental. Há, todavia, muito que fazer.

Os estudos culturais possibilitaram uma mudança na forma de conceber a Identidade e a questão do Outro. No entanto, os grupos indígenas, além de integrarem a camada historicamente marginalizada dos livros didáticos, sofrem ainda com as generalizações e incompreensões acerca de sua identidade e História nos discursos.

Terezinha Silva de Oliveira afirma que as representações sobre os índios, presentes nos Livros Didáticos, acabam inventando conceitos e identidades. Assim, ela assume aquelas produções como formuladoras de práticas discursivas que conferem ao índio uma imagem que lhe é atribuída pelo narrador[150].

---

[147] BRASIL. Secretaria de Educação Fundamental. *Op. cit.*, 1998; PARÁ, Secretaria Executiva de Educação. *Proposta Curricular para o Ensino Médio*. Belém: SEDUC, 2003.

[148] PINTO, Regina Pahim. Diferenças Étnico-Raciais e formação do professor. *Cadernos de Pesquisa*, São Paulo, n. 108, p. 199-231, nov., 1999, p. 204.

[149] PARÁ. Secretária Executiva de Educação. *Op. cit.*, p. 6.

[150] OLIVEIRA, Terezinha Silva de. Olhares que fazem a "diferença": o índio em livros didáticos e outros artefatos culturais. *Revista Brasileira de Educação*, n. 22, p. 25-34, jan./fev./mar./abr. 2003.

Os discursos sobre o índio

Da análise de livros didáticos da quinta e sexta séries[151] do Ensino Fundamental, o primeiro ponto a destacar é o fato de as populações indígenas comporem, via de regra, as unidades que tratam da Conquista e da Colonização, no Período Colonial. Daí em diante, as referências são esparsas e as populações praticamente desaparecem da história ensinada.

---

[151] Os livros analisados foram: COTRIM, Gilberto. *Saber e fazer história*: história geral e do Brasil (5ª série). São Paulo: Saraiva, 1999; *idem. Saber e fazer história*: história geral e do Brasil (6ª série). São Paulo: Saraiva, 1999; MONTELLATO, Andrea Rodrigues Dias *et al. História temática*: tempos e culturas (5ª série). São Paulo: Scipione, 2000; *idem. História temática*: tempos e culturas (6ª série). São Paulo: Scipione, 2000; DREGUER, Ricardo; TOLEDO, Eliete. *História, Cotidiano e Mentalidades*: dos primeiros grupos humanos ao século V (5ª série). São Paulo: Atual, 2000; *idem. História, Cotidiano e Mentalidades*: contato entre civilizações: do século V ao XVI (6ª série). São Paulo: Atual, 2000; SILVA, Francisco de Assis. *História* (5ª série): da pedra e do bronze à cultura greco-romana. São Paulo: Moderna, 2001; *idem. História* (6ª série): do mundo medieval ao período colonial brasileiro. São Paulo: Moderna, 2001; SCHIMIDT, Mario. *Nova História Crítica* (5ª série). São Paulo: Editora Nova geração, 2001; *idem. Nova História Critica* (6ª série). São Paulo: Editora Nova Geração, 2001; MARANHÃO, Ricardo; ANTUNES, Maria Fernanda. *Trabalho e civilização*: uma história global (5ª série). São Paulo: Moderna, 2001; *idem. Trabalho e civilização*: uma história global (6ª série). São Paulo: Moderna, 2001; VICENTINO, Cláudio. *Viver a História* (5ª série). São Paulo: Scipione, 2002; *idem. Viver a História* (6ª série). São Paulo: Scipione, 2002; ALVES, Katia Corrêa Peixoto; BELISÁRIO, Regina Célia de Moura Gomide. *Diálogos com a História* (5ª série). São Paulo: Dimensão, 2002; *idem. Diálogos com a História* (6ª série). São Paulo: Dimensão, 2002; VICENTINO, Cláudio. *História integrada*: da Pré-História à Idade Média (5ª série). São Paulo: Scipione, 2005; *idem. História integrada*: o mundo da Idade Moderna (6ª série). São Paulo: Scipione, 2005; PILLETI, Nelson; PILLETI, Claudino. *História e vida integrada* (5ª série). São Paulo: Ática, 2005; *idem. História e vida integrada* (6ª série). São Paulo: Ática, 2005; BOULOS JÚNIOR, Alfredo. *História:* sociedade e cidadania (6° série). São Paulo: FTD, 2006; MARINO, Denise Mattos; STAMPACCHIO, Léo. *Link do tempo* (5ª série): projeto educação para o século XXI. Curitiba: Positivo, 2006; *idem. Link do tempo* (6ª série): projeto educação para o século XXI. Curitiba: Positivo, 2006; RODRIGUES, Joelza Ester. *História em documento* (5ª série). São Paulo: Editora FTD, 2006; *idem. História em documento* (6ª série). São Paulo: Editora FTD, 2006; CARDOSO, Oldimar Pontes. *História Hoje* (5ª série): História Antiga e História Medieval. São Paulo: Ática, 2006; *idem.* História Hoje (6ª série): História Moderna e História da América colonial. São Paulo: Ática, 2006; RIBEIRO, Vanise; ANASTASIA, Carla. *Encontros com a História* (5ª série). Curitiba: Positivo. 2006; *idem. Encontros com a História* (6ª série). Curitiba: Positivo. 2006.

Com relação à representação do índio, verificamos, inicialmente, que ela encaminha uma imagem do índio como vítima/dominado[152], ainda que se encontrem referências a estratégias de resistência. A uniformização é outra característica das representações formuladas – mesmo com o destaque à diversidade de grupos e nações, a sugestão é de que, quando da chegada dos europeus ao litoral do que viria a ser o Brasil, as populações indígenas gozavam de um certo sentido de unidade[153].

Ainda que as representações encaminhem visões equivocadas sobre as populações indígenas, os livros didáticos publicados recentemente buscam incorporar muito da produção acadêmica recente sobre elas. Nesse sentido, quase todos reservam um ou dois capítulos para tratarem das sociedades indígenas, dando destaque para a exposição da perspectiva indígena, no mais das vezes por meio de depoimentos, como os de Davi Kopenawua e de Raoni, líder Kayapó-Txukahamãe:

> "Nós, yanomami, estamos morrendo por causa de doenças: malária, gripe, disenteria, doenças venéreas, sarampo, catapora e outras doenças que índio não conhecia, trazidas pelos garimpeiros que vêm de fora. Essas doenças a gente não consegue curar, os pajés não conseguimos. Doença de bala, pajé também não consegue curar. Doença de índio, pajé pode curar, mas de branco a gente não pode curar."[154]

> "Eu não quero a sua cultura. Alguns entre vocês não têm dinheiro e matam os outros para ter um pouco. Outros bebem álcool, bêbados destroem a si mesmos e aos outros. Eu tenho medo mesmo. [...] nós, os kayapó, pelo menos, temos consideração e compreensão para com os outros. Somos todos irmãos, tios uns dos outros. Vocês, os

[152] Andrea Rodrigues Dias Montellato *et al. História temática*: tempos e culturas (6ª série), p. 93; DREGUER, Ricardo; TOLEDO, Eliete. *História, Cotidiano e Mentalidades*: dos primeiros grupos humanos ao século V (5ª série), p. 157; VICENTINO, Cláudio. *História integrada*: da Pré-História à Idade Média (5ª série), p. 58, 92-93, 124-135.

[153] BOULOS JÚNIOR, Alfredo. *História:* sociedade e cidadania (6ª série), p. 204.

[154] Depoimento de Davi Kopenawua In: MONTELLATO, Andrea Rodrigues Dias. *et al. História temática*: tempos e culturas (6ª série), p. 82.

> brancos, não se preocupam com os de menos sorte. Vocês mentem uns para os outros. Eu descobri."[155]

No entanto, a exposição de tais relatos, nos Livros Didáticos, tem por objetivo demonstrar como a vida indígena era marcada pela igualdade e pela harmonia com a natureza, tendo sido o contato com os portugueses o fator provocador do fim do estado de equilíbrio em que viviam[156].

> "[...] Século, após século, o branco foi destruindo o mundo indígena, restando atualmente pouco mais de 200.000 indivíduos que apresentam vários graus de aculturação. Há desde grupos totalmente integrados à sociedade branca, como os Pataxós, Terena e Guarani das Regiões Sul e Sudeste, até outros isolados, sem qualquer contato com a civilização, como alguns grupos da região amazônica."[157]

De maneira geral, as populações indígenas são encaradas como sociedades quase perfeitas, as quais foram vítimas do processo de civilização, são tomadas como detentoras de valores louváveis, o que evidencia uma visão idílica sobre as populações indígenas. Essa perspectiva as apreende como vítimas que, ainda hoje, sofrem muitas violências e reclamam seus direitos. O ser íntegro, inocente, incorruptível, quase perfeito, que aparece nos livros didáticos surge, portanto, com um tom de piedade[158].

As populações indígenas aparecem nos Livros Didáticos, então, como exemplos de convivência harmônica com o meio ambiente, de

---

[155] Depoimento de Raoni, líder Kayapó-Txukahamãe. In: MONTELLATO, Andrea Rodrigues Dias. *et al. História temática*: tempos e culturas (6ª série), p. 83.

[156] VICENTINO, Cláudio. *Viver a História* (5ª série) p. 64; PILLETI, Nelson; PILLETI, Claudino. *História e vida integrada* (6ª série), p. 115.

[157] VICENTINO, Cláudio. *História integrada*: o mundo da Idade Moderna (6ª série), p. 124-125.

[158] RIBEIRO, Vanise; ANASTASIA, Carla. *Encontros com a História* (6ª série), p. 238; RODRIGUES, Joelza Ester. *História em documento* (6ª série), p. 145-146.

igualdade e de respeito mútuo. Elas representam, então, uma possibilidade de "convivência com a diversidade" (no sentido da pluralidade cultural) que está presente nas propostas curriculares, em relação à formação de valores na Educação: justiça, igualdade e respeito às diferenças. Dessa forma, utilizar o elemento indígena como exemplo da tolerância parece convergir com os princípios morais e éticos que a Escola deve promover. O livro didático viabilizaria os objetivos da Educação, incitando o respeito e o diálogo entre diferentes.

Não obstante a tentativa de unificação das populações indígenas, por meio da consideração de que todas, por serem indígenas, partilham os mesmos princípios, os Livros Didáticos destacam o fato de que as populações indígenas constituíam povos diversos, com culturas diferentes, ocupando o mesmo espaço. Ou seja, apesar de sua história e origem comuns e da similaridade cultural, torna-se imprescindível destacar a cultura própria dentro de cada grupo social:

> "No Brasil, há mais de 200 povos indígenas. Cada um deles fala umas língua própria e tem hábitos, costumes e modos de vida diferentes uns dos outros. Ou seja, cada um tem sua própria cultura."[159]

> "Os vários grupos indígenas do Brasil, com suas respectivas línguas e culturas, possuem modos de vida que os diferenciam das populações não índias. Ao longo dos últimos séculos, os indígenas sofreram a ação de outros povos que aqui se estabeleceram, como os europeus, ameaçando suas crenças, costumes, técnicas e o conhecimento sobre plantas e animais [...].[160]"

A representação do indígena no Livro Didático, ainda que se tenha beneficiado da apropriação do conhecimento acadêmico realizado nos últimos quarenta anos, carece ainda de reparação. Mesmo que tenhamos motivos para festejar os avanços, que não são escassos e nem de

[159] MONTELLATO, Andrea Rodrigues Dias *et al. História temática*: tempos e culturas (5ª série), p. 23-24.

[160] VICENTINO, Cláudio. *Viver a História* (5ª série), p. 67-68.

pouca monta, cabe não fechar os olhos para algumas deformações ainda perceptíveis, como a conformação das populações indígenas como *locus* da virtude, enquanto que os não-índios, brancos em especial, seriam a representação do vício. Concordando com Manuela Carneiro da Cunha, compreendemos a necessidade de tomar o indígena como um sujeito de sua própria história, e não como um elemento acessório às narrativas e às tramas.

> "A percepção de uma política e de uma consciência histórica em que os índios são sujeitos e não apenas vítimas só é nova eventualmente para nós. Para os índios, ela parece ser costumeira. É significativo que dois eventos fundamentais – a gênese do homem branco – e a iniciativa do contado – sejam frequentemente apreendidos nas sociedades indígenas como o produto de sua própria ação ou vontade"[161]

A posição defendida pela autora é a de que os índios devem ser tomados como agentes históricos plenos, sujeitos de sua história e possuidores de concepções acerca de fatos ou eventos. A historiografia precisa, nesse sentido, dar voz a tal agente histórico, normalmente representado de forma estereotipada, em acordo com a ideologia do autor ou da concepção hegemônica que a sociedade construiu sobre ele[162].

Assim, concluímos, afirmando que os discursos elaborados nos Livros Didáticos de História ainda veiculam ideias genéricas sobre os índios que estabelecem concepções que reafirmam estereótipos. Ressaltamos, todavia, a existência de perspectivas que buscam fugir dessa generalização negativa. Tais perspectivas, presentes nos Livros Didáticos, sugerem que as mudanças curriculares e a apropriação do saber acadêmico, quando realizadas de forma coerente pelos autores, contribuem para repensar os discursos e as concepções sobre as populações indígenas.

---

161 CUNHA, Manuela Carneiro da. *Op. cit.*, p. 18.

162 ZAMBONI, Ernesta. *Op. cit.*

O IMPROVISO EM SALA DE AULA: A PRÁTICA DOCENTE EM PERSPECTIVA

Wilma Baía Coelho
Mauro Cezar Coelho

O ponto de partida

Neste artigo, apresentamos parte das conclusões da pesquisa que realizamos em cinco escolas situadas em Belém, capital do Estado do Pará. A pesquisa abarca um conjunto de questões mais amplas das que apresentaremos a seguir. Tendo como eixo de investigação as formas pelas quais a questão da Identidade tem sido abordada no conteúdo da Educação Básica, ela analisou o trabalho desenvolvido em torno dos conteúdos relacionados à questão étnica e racial[163].

Tratar de ambas as questões no Brasil se tem mostrado um empreendimento complexo. Em primeiro lugar, porque nós nos constituímos como nação por meio da ideia de que formamos um povo

[163] A pesquisa em questão, sob o título *Diferença e etnia no universo escolar*, foi desenvolvida pelos pesquisadores Rosa Elizabeth Acevedo Marin, Wilma de Nazaré Baía Coelho, Mauro Cezar Coelho e Jonas Marçal de Queiroz, foi financiada pelo Conselho Nacional de Desenvolvimento Científico e Tecnológico (CNPq) e teve o apoio institucional da Universidade da Amazônia e da Universidade Federal do Pará.

homogêneo – uma nação *mestiça*[164], indolente e altaneira, detentora de todos os demais adjetivos que fazem dela abençoada por Deus e bonita por natureza[165]. Abordar os componentes étnicos e raciais brasileiros pode ser, à partida, uma proposição descabida, uma vez que a nação não se vê como multiétnica ou multirracial. Ao contrário do que ocorreu em alguns países de passado colonial, no Brasil não emergiram categorias multiraciais ou multiétnicas, as quais identificassem tipos diversos de experiências nacionais[166].

Em segundo lugar, porque, nas últimas décadas, a despeito do aumento do número de pesquisas sobre a existência da discriminação e do preconceito nos conteúdos didáticos, pouco se investiu em pesquisas que ultrapassassem o tom de denúncia. Em grande parte dos casos, entendeu-se que as pesquisas sobre a questão deveriam compilar as situações em que a discriminação e o preconceito se evidenciavam e apontar os seus nefastos desdobramentos. Tais trabalhos acabavam por sugerir, mesmo involuntariamente, que a perpetuação da discriminação e do preconceito tinham sua origem na apropriação individual de um vício nacional – ou, por outra, pressupunham que ambos os males seriam, fundamentalmente, problemas de ordem moral e não de ordem teórica ou profissional.

Em terceiro e último lugar, tratar de questões étnicas e raciais tem implicado o avanço em um campo melindroso. Normalmente, quando se fala de etnia no Brasil, pensa-se, quase automaticamente, em populações indígenas. Logo, tratar da questão étnica em relação às populações

---

[164] Para uma leitura antropológica sobre Miscigenação, ver MUNANGA, Kabengele. *Rediscutindo a mestiçagem no Brasil*: identidade nacional versus identidades negra. Petrópolis: Vozes, 1999.

[165] Sobre o conceito de nação que operamos, ver: ANDERSON, Benedict. *Nação e consciência nacional.* São Paulo: Ática, 1989. Sobre as formas da nacionalidade no Brasil, tal como as apreendemos aqui, ver, de Roberto da Matta: *Carnavais, malandros e heróis*: para uma sociologia do dilema brasileiro (Rio de Janeiro: Zahar Editores, 1979), *A casa e a rua* (São Paulo: Brasiliense, 1985.) e *Relativizando: uma introdução à antropologia social* (Rio de Janeiro: Rocco, 1987).

[166] A questão sobre a singularidade do caso brasileiro é polêmica e requer reflexão exclusiva; a seguir indicamos alguns autores que a enfrentam de forma sistemática: FRY, Peter *et al. Divisões perigosas*: políticas raciais no Brasil contemporâneo. Rio de Janeiro: Civilização Brasileira, 2007.

não-índias parece, em princípio, um contrassenso, especialmente em função do que afirmamos acima. No que tange à utilização da categoria *raça*, a questão se torna ainda mais espinhosa. Dona de uma herança negativa, em função do que se pensou e se fez tendo por base o conceito de *raça* proveniente da Biologia, desde o final do século XIX, problematizar em termos de *raça* parece, a partida, um retrocesso[167]. Não obstante, a categoria foi resgatada, no Brasil, nos últimos trinta anos, dentro dos debates e lutas do Movimento Negro, e enriquecida com um conteúdo político. Falar de *Raça* Negra[168], em termos políticos, é falar da afirmação das lutas e dos direitos pelos quais o Movimento Negro se organiza desde o início do século XX[169].

Dentro desse universo de questões e de problemas, a pesquisa analisou alunos, professores, currículos, recursos e práticas docentes. Foram selecionadas duas escolas da rede privada e três da rede pública, em função da disponibilidade facultada aos pesquisadores[170]. Estes elegeram as quintas e sextas séries do Ensino Fundamental como objeto de estudo, em função de dois fatores: o primeiro diz respeito ao fato de os alunos

---

[167] FRY, Peter *et al. Op. cit.*

[168] Sobre o caráter político do conceito de Raça Negra, ver: GUIMARÃES, Antônio Sérgio Alfredo. *Classes, raças e democracia*. São Paulo: Editora 34, 2002; *idem*. Como trabalhar com 'raça' em sociologia. *Educação e Pesquisa*, São Paulo, v. 29, n. 1, p. 93-107, jan./jun. 2003; *idem*. 'Raça', racismo e grupos de cor no Brasil. *Estudos Afro-asiáticos*, Rio de Janeiro, n. 27, p. 45-63, abr. 1995; GOMES, Nilma Lino. Alguns termos e conceitos presentes no debate sobre relações raciais no Brasil: uma breve discussão. In: *Educação anti-racista*: caminhos abertos pela Lei Federal nº 10.639/03. Brasília: SECAD, 2005. p. 39-61; HASENBALG, Carlos Alfredo. *A discriminação e desigualdades raciais no Brasil*. Rio de Janeiro: Graal, 2005.

[169] Sobre o Movimento Negro, ver: SANTOS, Ivair Augusto Alves dos. *O movimento negro e o Estado (1983-1987)*. Campinas: UNICAMP, 2001; HANCHARD, Michael George. *Orfeu e o poder*: o Movimento Negro no Rio de Janeiro e São Paulo (1945-1988). Rio de Janeiro: EdUERJ, 2001; PINHO, Osmundo de Araújo. Corações e Mentes do Movimento Negro Brasileiro. *Estudos Afro-asiáticos*, Rio de Janeiro, v. 24, n. 2, p. 415-420, 2002; SILVA, Joselina da. A União dos Homens de Cor: aspectos do movimento negro dos anos 40 e 50. *Estudos Afro-asiáticos*, v. 25, n. 2, p. 215-235, 2003.

[170] Reiteramos o nosso agradecimento às instituições que nos facultaram o acesso a elas e aos educadores que nos receberam e nos honraram com seu tempo e permitiram o acesso às suas salas de aula e gabinetes.

que se encontram nessas séries, normalmente, acharem-se em um momento decisivo da formação de sua identidade. Mal saídos da infância e mal entrados na adolescência, estão na fase em que consolidam algumas ideias e formulam outras, as quais formarão a base de sua identidade[171]. O segundo fator relaciona-se às disciplinas.

A pesquisa privilegiou o trabalho com as disciplinas Artes, História e Língua Portuguesa[172]. Considerou, aqui, serem nelas e nas séries em questão que se concentram os conteúdos sobre a formação da sociedade brasileira. Por meio delas, os alunos têm contato com o que se convencionou falar sobre a constituição do povo brasileiro e de sua cultura. A gênese das manifestações plásticas e literárias e das instituições políticas e sociais brasileiras ainda é percebida como tendo-se dado no chamado Período Colonial. E são nas quintas e sextas séries que tais questões são transformadas em conteúdo didático.

A pesquisa analisou materiais e recursos didáticos, problematizou conteúdos, observou e compilou a prática docente adotada e entrevistou alunos e professores. Desse significativo conjunto de dados, depreendeu-se uma série de questões relativas à prática docente, sobre as quais é necessário construir uma reflexão que permita a superação de eventuais entraves para a consecução da oferta de uma educação menos viciada de conceitos e preconceitos indevidos.

O problema

Em trabalho anterior, Wilma Baía Coelho argumentou que parte da responsabilidade pela reprodução de preconceitos e de práticas

---

[171] Sobre a questão, ver BERGER, Peter; LUCKMAN, Thomas. *A construção social da realidade*. Tradução de Floriano de Souza Fernandes. Petrópolis: Vozes, 1987.

[172] A escolha das disciplinas deveu-se, entre outros fatores, às recomendações da Lei nº 10.639/03, a qual estabelece a obrigatoriedade da temática "História e Cultura Afro-Brasileira" no Ensino Fundamental e Médio. Essa temática pressupõe o estudo da África e dos africanos, da luta dos negros no Brasil, da cultura afro-brasileira e do negro na formação da sociedade nacional, com ênfase à sua contribuição social, econômica e política. Ainda que a temática tenha íntima relação com a disciplina História, a Lei recomenda que ela seja trabalhada pelas disciplinas História, Língua Portuguesa e Artes, de forma sistemática.

discriminatórias no universo escolar se deve a lacunas na formação docente. Segundo ela, os cursos de formação de professores não preparam os futuros profissionais para enfrentarem o processo educativo como uma totalidade, na qual a formação da identidade é etapa fundamental. E mais. Não encaminham procedimentos para a superação de vícios presentes na cultura brasileira hegemônica, na qual proliferam mecanismos de discriminação e práticas preconceituosas.

Três fatores contribuem para a existência dessa dinâmica nos cursos de formação de professores: (a) a fluidez da discussão sobre o lugar da Educação Formal na construção da identidade; (b) a ideia de que a discriminação e o preconceito são problemas de ordem moral, sobre os quais a formação escolar tem ingerência relativa, cabendo à escola admoestar os alunos, mas, não agir sobre a matriz do problema; por fim, (c) ambos os vícios são de difícil percepção – a discriminação e o preconceito são mais evidentes para quem os sofre e não para quem os pratica, ademais, muitas ações de ambas as ordens não são vistas como nocivas[173].

Com relação ao primeiro deles, ainda que os cursos de formação de professores compreendam disciplinas sobre a psicologia da infância, da adolescência e da aprendizagem, as discussões que realizam não são vinculadas à prática pedagógica efetiva – tanto a realizada pelos próprios cursos de formação de professores quanto pela prática promovida ao longo da graduação. Ademais, ainda que essa discussão considere que a Escola concorre para a formação da identidade da criança e do adolescente, as discussões ocorridas no seu dia-a-dia voltam-se para questões tidas como mais urgentes, como evasão, indisciplina, problemas de aprendizagem e repetência.

No que se refere ao segundo e terceiro fatores, a Escola, via de regra, não sabe enfrentar o problema da discriminação e do preconceito. Isto não se deve ao fato de eles não ocorrerem no universo escolar,

---

[173] COELHO, Wilma de Nazaré Baía. *A cor ausente*: um estudo sobre a presença do negro na formação de professores no Estado do Pará, 1970-1989. Belo Horizonte: Mazza Edições; Belém: Unama, 2006.

pois nunca é demais lembrar que a Escola não existe fora da sociedade – ela não constitui um *oásis* infenso às mazelas sociais. A Escola é um microcosmo social, ela exercita valores, práticas e condutas existentes. O racismo e as práticas de discriminação ocorrem na Escola da mesma forma que fora dela.

No entanto, diante de problemas da mesma ordem da discriminação e do preconceito, a Escola não age como o faz com relação aos problemas de indisciplina ou de aproveitamento da aprendizagem. Enquanto que eles são objeto de projetos especiais voltados para a resolução do problema, as questões que tratamos aqui são, quando o são, tratadas eventualmente nas datas comemorativas e, depois, esquecidas. Mesmo porque, tal como ocorre fora da Escola, muitas das práticas são vistas como brincadeiras – como as referências às características fenotípicas e a atributos vistos como inerentes (preguiça, indolência, etc.) – e/ou percebidas como manifestação do *humor* brasileiro.

O trabalho de Wilma Baía Coelho diagnosticou a origem da dificuldade de professores no trato com o problema e atribuiu à formação docente a reprodução de vícios. Neste artigo, partimos da discussão trazida por ela e a relacionamos à prática profissional. O viés da abordagem é, todavia, inusitado. A seguir trataremos da prática docente a partir dos relatos que os próprios professores fazem de seu trabalho. Neles vêm à tona manifestações de prática pedagógica marcada pelo improviso, ou seja, sem informação de ordem teórica, sem respaldo na literatura pertinente.

Importa, então, o conceito do que chamamos de improviso. Como anunciamos, tomamos o improviso como a ausência de preparação. A prática pedagógica compreende duas dimensões: o conhecimento acadêmico (relativo tanto à área do conhecimento no qual o docente é especialista quanto às questões relacionadas ao processo de ensino e aprendizagem) e a experiência profissional, vista aqui como aspecto constituinte da condição de professor. Ambas as dimensões contribuem para os processos de planejamento, pois o conhecimento empírico do universo escolar e o conhecimento acadêmico proporcionam um diálogo que viabiliza a superação de dificuldades em uma instância e um enriquecimento do saber instituído em outra.

Por meio desse conceito, propomos a problematização de uma característica da formação docente[174]: a despeito das discussões que ressaltaram o caráter especializado do trabalho do professor (processo demarcado, entre outros fatores, pela recusa ao epíteto "tia"), a consideração presente no "senso comum" de que a atuação do professor é demarcada, sobretudo, pela sua disposição, pelo seu comprometimento e pelo grau de afeto que dispensa aos alunos, ainda é preponderante, como argumenta a análise a seguir.

A maioria dos professores entrevistados não embasou as suas colocações na literatura acadêmica, não apresentou reflexões derivadas de conceitos presentes no conhecimento acumulado da disciplina em que eles trabalham ou situou-as em relação ao estado atual da discussão acerca da questão que lhes foi apresentada. A maioria das respostas fundava-se na opinião pessoal dos professores, no seu comprometimento, na preocupação em oferecer o que consideravam ser o "melhor" para os alunos.

Em dado momento do processo de coleta, organização e análise das entrevistas, perguntamo-nos se as respostas assim constituídas não resultariam de uma concepção da prática docente pautada, fundamentalmente, na experiência. Ou por outra, os professores não responderam com base em suas opiniões porque o saber docente é um saber da experiência? Não seria pelo fato de o público com que os professores trabalham ser variado

[174] Sobre a condição do professor no Brasil, ver: NOVAES, Maria Eliana. *Professora primária*: mestra ou tia. São Paulo: Cortez, 1991; FONSECA, Selva Guimarães. *Ser professor no Brasil*: história oral de vida. Campinas: Papirus, 1997; SERBINO, Raquel Volpato *et al.* *Formação de professores*. São Paulo: UNESP, 1998; SEVERINO, Antônio Joaquim. Preparação e formação ético-política dos professores. In: BARBOSA, Raquel Lazzari Leite (Org.). *Formação de educadores*: desafios e perspectivas. São Paulo: Editora da UNESP, 2003. p. 71-89; *idem*. A formação e a prática do professor em face da crise atual dos paradigmas educacionais. *Ciência & Opinião*, Curitiba, v. 2, n. 4, p. 15-31, 2004; RIOS, Terezinha Azevedo. *Ética e competência*. São Paulo: Cortez, 2005; ALLAIN, Luciana Resende. *Ser professor*: o papel dos dilemas na construção da identidade profissional. São Paulo: Annablume; Belo Horizonte: FUMEC, 2005; BRITO, Márcia Regina F. de. ENADE 2005: perfil, desempenho e razão da opção dos estudantes pelas Licenciaturas. *Avaliação*, Campinas-Socorocaba, v. 12, n. 3, p. 401-443, set. 2007. FONTE, Sandra Soares Della. Amor e paixão como facetas da educação: a relação entre a escola e a apropriação do saber. *Interface*, Botucatu, v. 11, n. 22, p. 327-342, maio/ago. 2007.

que os professores não formalizam suas reflexões?[175] Tais inquietações nos levaram a revisar o roteiro de entrevistas e incluir questionamentos de ordem conceitual e que a formação de professores considerou ou deveria tê-lo feito, por fazerem parte da discussão da disciplina específica na qual o professor atua e da discussão específica da formação docente, independentemente da área.

Assim o objetivo deste artigo é problematizar o relato que os professores fazem do próprio trabalho, discutindo as evidências que apresentam: a supremacia do improviso em relação ao planejamento; o privilégio à opinião, em lugar da reflexão sistematizada e profissionalmente encaminhada; a não-utilização de aportes teóricos na abordagem do conteúdo específico da disciplina ou no exercício docente.

O campo investigado

A pesquisa selecionou cinco escolas do município de Belém, no estado do Pará. A opção dos pesquisadores respeitou o determinado pelo projeto de pesquisa apresentado ao CNPq. Na proposta, evidenciamos a importância de analisar-se a questão étnico-racial na Amazônia, em função da Diversidade ali existente. A região, nos últimos quarenta anos, recebeu um aporte significativo de imigrantes, provenientes de diversas partes do País, além de possuir um panorama humano bastante diverso. Ademais, até pouco menos de dez anos, quase que toda a oferta de cursos de formação de professores se concentrava em Belém, capital do estado. Ambos os fatores permitiam a percepção de como a região pensava a sua formação, a partir de seu mais importante e populoso município.

As cinco escolas selecionadas foram as que permitiram o acesso aos pesquisadores. Nesse sentido, poder-se-ia argumentar haver uma

---

[175] Sobre o Saber Docente, ver: TARDIF, Maurice. *Saberes docentes e formação profissional*. Petrópolis: Vozes, 2002; *idem*. *O trabalho docente*: elementos para uma teoria da docência como profissão de interações humanas. Petrópolis: Vozes, 2005; ALVES, Wanderson Ferreira. A formação de professores e as teorias do saber docente: contextos, dúvidas e desafios. *Educação & Pesquisa*, São Paulo, v. 33, n. 2, p. 263-280, ago. 2007; ROLDÃO, Maria do Céu. Função docente: natureza e construção do conhecimento profissional. *Revista Brasileira de Educação*, Rio de Janeiro, v. 12, n. 34, p. 94-103, abr. 2007.

discrepância nos resultados da pesquisa, uma vez que as escolas não foram selecionadas em função da representatividade que mantinham em relação ao sistema educacional do estado e do município. A ressalva não se sustenta porque dezesseis dos dezessete educadores entrevistados foram formados por uma das três instituições mais antigas do município. Assim, o quadro de professores arrolado entre os *informantes* é representativo da formação oferecida no município há pouco mais de uma década.

Foram entrevistados professores e orientadores das quatro escolas. Nelas, foram contatados e deram depoimentos os professores das quintas e sextas séries, conforme já anunciamos. Os entrevistados foram formados nos últimos trinta e cinco anos, em quatro instituições: Universidade do Estado do Pará, Universidade Federal do Pará, Universidade da Amazônia e Universidade do Vale do Acaraú. Foram entrevistados coordenadores, orientadores educacionais, professores de Arte, professores de História e professores de Língua Portuguesa.

Os pesquisadores formularam um roteiro semiestruturado para as entrevistas. Por meio dele, buscou-se obter dos professores informações sobre: os conceitos que praticavam, nas suas áreas de atuação, sobre formação da sociedade e do povo brasileiros; suas concepções de arte, história e literatura brasileiras; suas concepções de formação para a cidadania e de aluno crítico; suas compreensões sobre o que seriam discriminação, preconceito, etnia e *raça;* e, finalmente, o conhecimento que detinham da Lei nº 10.639/03.

A importância desse campo de estudo, na Região Norte, deve-se, especialmente, ao fato de a imensa maioria dos livros didáticos utilizados na região não serem produzidos nela ou para ela pensados. Assim, cabe ao professor e somente a ele criticar, relativizar e problematizar o conteúdo presente nos livros didáticos adotados, de modo a incluir questões próprias ao universo dos alunos.

Antes de seguir adiante, ressaltamos termos acordado com escolas e professores investigados não citar nomes de professores ou de instituições. Diante disso, quando da necessidade de nos referirmos às entrevistas, não especificaremos professor ou escola, apenas indicaremos as disciplinas.

O improviso em aula

A licenciatura, no Brasil, conhece um tipo de formação peculiar; a formação é dividida em dois conjuntos de conhecimentos: o conhecimento específico da área escolhida pelo licenciado e o conhecimento próprio do fazer docente. Via de regra, esse princípio se materializa nos currículos dos cursos de licenciatura: a maior parte deles concentra-se no aprendizado da área específica – seja ela Artes, Letras, Biologia, História ou Matemática – oferecido pelo próprio curso; a formação docente, porém, ocupa parte reduzida do currículo (as ampliações recentemente introduzidas ocorreram à revelia dos cursos de licenciatura, introduzidas que foram pelo Ministério da Educação) e é ministrada, tradicionalmente, pelos cursos de Pedagogia.

Essa estrutura pedagógica, presente na avassaladora maioria dos cursos de licenciatura, compreende uma concepção específica do que vem a ser a formação docente e o professor. Ela sugere, inicialmente, que a docência é um acrescentamento à formação específica – ou, por outra, que a formação docente nada mais é que uma complementação necessária para a transformação do saber acadêmico, adquirido nos cursos de origem, em saber escolar[176]. E, mais importante, ela encaminha e consolida a ideia de que o fundamental é o domínio do conteúdo específico da área e que o aporte conceitual pedagógico é importante, mas não essencial.

Diante desse quadro de oferta dos cursos de licenciatura, seria de se esperar que os professores manifestassem domínio consolidado sobre os conteúdos com que trabalham e insegurança ao elaborar reflexões sobre sua prática docente. No entanto, as respostas oferecidas pelos professores entrevistados apontam dois aspectos a serem considerados: em primeiro lugar, a formação para a docência não conseguiu incutir nos professores uma atitude profissional diante dos problemas que o fazer da educação lhes coloca; em segundo lugar, a formação específica não

[176] Ver, sobre isso, a interessante reflexão de Paulo Knauss, sobre a dificuldade dos professores de História, em considerar o conhecimento histórico como um conhecimento de tipo científico. KNAUSS, Paulo. O desafio da ciência: modelos científicos no ensino de História. *Caderno Cedes*, Campinas, v. 25, n. 67, p. 279-295, set./dez. 2005.

desenvolveu neles o domínio conceitual necessário para que pudessem refletir sobre as questões enfrentadas pelo próprio conhecimento no qual são especialistas.

Os entrevistados foram instados a fornecer, dentro das suas áreas de atuação, a concepção de arte, literatura e história brasileiras. Dos dezessete docentes e técnicos entrevistados, apenas um professor encaminhou a reflexão a partir de aportes conceituais. Evasivas, desculpas e respostas descontínuas, sem qualquer relação com a literatura especializada – tanto da área específica quanto da área de educação – foram a tônica das entrevistas. Os professores demonstraram dificuldade em compreender e elaborar conceitos como os de Representação, Letramento, Povo, Nação e Nacionalismo.

Mesmo no que se refere à prática docente cotidiana, ou seja, a forma como os conteúdos são trabalhados, os entrevistados não evidenciaram domínio. Eles foram solicitados a relatar o conteúdo trabalhado e a forma pela qual ele era ministrado: um dos entrevistados pediu licença para consultar o livro didático; o mais frequente, no entanto, foi a ocorrência de considerações que não definiam encaminhamentos, mas princípios gerais – "a partir do contexto", "a partir do texto" – e atitudes, referidas em expressões como: "Eu faço o possível"; "Eu defendo ..."; "Eu acho que...".

Nesse sentido, consideremos um dos pontos propostos aos entrevistados: a formação para a cidadania. Desde o final da década de 1970, especialmente à medida que o Regime Militar distendia seu aparato opressivo, a formação para a cidadania tornou-se uma das questões debatidas pela literatura especializada e tópico frequente nas salas de aula dos cursos de licenciatura[177]. Não obstante a frequência e a amplitude da discussão, a maior parte dos entrevistados manifestou uma compreensão restrita da formação para a cidadania.

---

[177] Sobre a questão da formação para a cidadania, ver: SEFFNER, Fernando; BALDISSERA, José A. (Org.). *Qual história? Qual ensino? Qual cidadania?* Porto Alegre: Anpuh/RS; Ed. Unisinos, 1997; PINSKY, Jaime. *Cidadania e Educação*. São Paulo: Contexto, 1998; TONET, Ivo. Educar para a cidadania ou para a liberdade? *Perspectiva*, Florianópolis, v. 23, n. 2, p. 469-484, jul./dez. 2005.

Apesar de a discussão sobre a formação para a cidadania se ter constituído na crítica à perspectiva tida como conservadora, calcada no ensino de valores *tradicionais*, cuja maior expressão eram as disciplinas de Moral e Civismo, a maior parte dos entrevistados encaminhou uma compreensão de cidadania e de formação para a cidadania limitada ao aprendizado de direitos e deveres e de valores morais. Foram muitas as referências a regras, limites e obrigações. A compreensão da cidadania, tal como ela, vem se desenhando nas últimas quatro décadas e, especialmente, nos últimos vinte anos, foi negligenciada ou tangenciada, sem que se abordassem os seus aspectos fundamentais. Os entrevistados demonstraram maior domínio e familiaridade com uma concepção de cidadania voltada para a regulação dos comportamentos e com forte teor moral.

Esse parco domínio conceitual acarreta um desdobramento. A literatura educacional, tanto de caráter oficial quanto de natureza acadêmica, insiste na necessidade da formação para a cidadania – formar o *cidadão crítico*, *participante*, *atento* e *responsável* impor-se-ia como uma responsabilidade de todas as disciplinas[178]. Diante disso, os entrevistados foram instados a indicar um procedimento didático relacionado, direta ou indiretamente, à formação para a cidadania. De todos os entrevistados, dois apresentaram encaminhamentos. Um, professor de História, afirmou utilizar o conteúdo, sempre que possível, aproveitando-se de fatos do passado para discutir conceitos e valores. Reconhece, no entanto, ser uma atuação limitada. Outro, professor de Língua Portuguesa, fez considerações mais assertivas. Inicialmente, vejamos o seu conceito de cidadania:

---

[178] Sobre a formação para a cidadania e sua relação com as diversas disciplinas que compõem o plexo escolar, ver: CARVALHO, José Sérgio *et al.* Formação de professores e educação em direitos humanos e cidadania: dos conceitos às ações. *Educação e Pesquisa*, São Paulo, v. 30, n. 3, p. 435-445, dez. 2004; JACOBI, Pedro Roberto. Educação ambiental: o desafio da construção de um pensamento crítico, complexo e reflexivo. *Educação e Pesquisa*, São Paulo, v. 21, n. 2, p. 233-250, ago. 2005; DOMINGUES, José Maurício. Instituições formais, cidadania e solidariedade complexa. *Lua Nova*, n. 66, p. 9-22, 2006; PRAIA, João; GIL-ÉREZ, Daniel; VILCHES, Amparo. O papel da natureza da ciência na educação para a cidadania. *Ciência & Educação*, v. 13, n. 2, p. 141-156, ago. 2007; SANTOS, Wildson Luiz Pereira dos. Educação científica na perspectiva de letramento como prática social: funções, princípios e desafios. *Revista Brasileira de Educação*, Rio de Janeiro, v. 12, n. 36, p. 474-492, dez. 2007.

> "Olha, esse clichê que estão usando muito aí, certo, é um escapismo do governo falar em cidadania, quando as pessoas estão com fome, fome de conhecimento, fome de justiça, fome de igualdade. Eu trabalho a cidadania do ponto de vista de que o aluno deve sê-lo por inteiro, a capacidade intelectual dele é que vai fazer a diferença, ele será um cidadão a partir do momento em que ele souber fazer a diferença entre o verdadeiro e o aparente. Quando ele se identificar 'Eu sou, eu fiz, eu sou capaz, eu vou vencer'. A cidadania, neste caso, aqui no nosso caso do Brasil que eu estou falando agora, é um conjunto de conhecimentos que possibilite o aluno enxergar, visualizar, escutar, para poder ouvir, enxergar para poder ver, com o olho da criticidade, ainda que ele tenha limite... de conhecimento... ele já sabe[rá] fazer a diferença, já sabe[rá] questionar. Eu vejo, por exemplo, na nossa sala de aula, que eu boto o aluno pra ler, se o aluno não sabe interpretar o texto, é porque ele não sabe ler, ele não sabe ler porque ninguém orientou para a leitura. A partir do momento em que ele ler, ele vai despertar o interesse por leituras e será capaz de discutir problemas, não como papagaio real para Portugal [sic], mas discutir dentro das atrocidades da sua comunidade [...]"

Cidadania, conforme se pode perceber pela sua fala, é mais que um conjunto de regras e valores e mais, também, que um princípio de ordem moral. Não há em suas palavras nada que nos remeta à ideia de princípios que devem ser transmitidos aos alunos por meio de admoestações periódicas. Instado a detalhar os procedimentos didáticos utilizados para formar o aluno cidadão, listou procedimentos que sintetizam três operações intelectuais: estimulação, memorização e dedução. Nas suas aulas, conforme relatou, a leitura é a atividade mais constante e a mais estimulada. Por meio dela, as operações de memorização e dedução são desenvolvidas. Seu objetivo final é demonstrar para os alunos que, por meio do estudo, poderão adquirir as competências e habilidades necessárias ao exercício da crítica e da autonomia. Mais: este professor encaminha a noção de que o aprendizado se faz por intermédio de um conjunto de ações sucessivas e concatenadas, as quais exigem esforço sistemático – o que implica a conformação (da parte do aluno) da ideia de responsabilidade, fator essencial para a vida comunitária e civil. A formação para a cidadania é processada como uma série de procedimentos que engendra atitudes concretas, materializadas na prática pedagógica desenvolvida em sala de aula, junto com o conteúdo.

Ainda que a perspectiva e os procedimentos do professor possam ser considerados *tradicionais*, é inegável a existência de certa coerência entre o conceito adotado de cidadania e a prática pedagógica. Uma vez que seu conceito informa uma concepção de cidadão ativo, capaz de situar-se diante de dificuldades, de formar opiniões próprias, de ler o mundo, de distinguir o "verdadeiro e o aparente", sua prática pedagógica não se encaminha para a transmissão de regras e para o condicionamento de comportamentos, mas para a construção de competências e habilidades que permitam *ler* o mundo e interpretá-lo.

Essa, no entanto, foi uma postura singular entre os entrevistados. Via de regra, não se compreendia o significado da expressão «procedimento didático». O mais significativo, porém, salvo no caso em destaque, foi o fato de os professores não relacionarem a formação para a cidadania ao fazer pedagógico que praticam. A formação para a cidadania, que todos entendem ser função da Escola, não se constituiu, entre eles, como parte do conteúdo trabalhado. O destaque é necessário porque ele aponta uma compreensão partilhada pelos entrevistados – professores e técnicos – da consolidação de uma prática pedagógica/docente. Vejamos.

As questões presentes no roteiro de entrevista semiestruturada buscavam abranger duas dimensões do trabalho de professores e técnicos: por um lado, a apreensão do conhecimento a partir do qual eles constroem o saber escolar; por outro lado, a forma pela qual aquele saber é materializado em procedimentos didáticos – na organização de aulas, unidades, seleção de textos, dinâmicas, estratégias e avaliações. Salvo no caso destacado acima, percebeu-se uma enorme insegurança em relação a ambas as dimensões.

À exceção de dois professores, os demais (incluindo os técnicos) não estabeleceram relação entre o conhecimento acadêmico, no qual eram especialistas, e o saber escolar que construíam. Nenhuma referência a autores, a escolas de pensamento, linhas de investigação ou matrizes teóricas. Com relação à prática docente, as questões apresentadas – *identidade*, *nação* e *nacionalismo*, *discriminação*, *preconceito* e *cidadania* – foram enfrentadas não a partir da literatura especializada, mas da opinião de cada um dos entrevistados. O que se percebeu foi o respaldo à educação familiar recebida ou à visão de mundo construída.

Os dados recolhidos distanciam-se do que se tem discutido sobre a natureza da prática docente. A discussão compreende desde as concepções informadas pelo chamado tecnicismo – segundo as quais a natureza do trabalho docente se relaciona ao conjunto de técnicas aplicadas com vista à obtenção de determinado fim – às elaborações mais recentes, nas quais a prática docente surge como uma construção na qual se articulam conhecimento técnico e experiência adquirida[179]. Para todos os que participam da discussão, é pacífica a noção de que o domínio do conteúdo das disciplinas é condição *sine qua non* para a concretização do processo de ensino e aprendizagem: a natureza do trabalho docente, conforme concebe a literatura, vê-se definida a partir do conhecimento da disciplina e da prática pedagógica. Os discursos recolhidos não referendam essa preocupação. Ainda que as referências às disciplinas específicas tenham sido frequentes, elas não serviram para o estabelecimento de nexos entre o conhecimento acadêmico e a prática docente. Podemos situar este descompasso em dois níveis.

Em primeiro lugar, podemos sugerir a sua gênese: a formação docente, cingida desde a origem entre duas disciplinas – a específica, escolhida pelo graduando, e a geral, a de formação para a docência. Independentemente das intenções que originaram essa falta de nexo, é evidente que ela acarreta problemas. Um dos que mais "salta aos olhos" é, justamente, a compreensão dos alunos da desvinculação de uma outra formação – sentem-se mais seguros na formação da área específica, enquanto se mostram inseguros em relação à formação para a docência[180].

---

[179] Já apontamos alguns autores relacionados à última perspectiva, de forma que sobre o tecnicismo em Educação, ver: MELLO, Guiomar Namo de. Formação inicial de Professores para a Educação Básica: uma (re)visão radical. *São Paulo em Perspectiva*, São Paulo, v. 14, n. 1, p. 98-110, 2000.

[180] Ver, sobre essa questão, o oportuno estudo de GUIMARÃES, Valter Soares. *Saberes docentes e identidade profissional*: a formação de professores na Universidade Federal de Goiás. Tese (Doutoramento), Faculdade de Educação, Universidade de São Paulo, São Paulo, 2001.

Esse, no entanto, não é o único problema. Esse descompasso entre as duas dimensões dos cursos de licenciatura encaminha, mesmo que a sua revelia, uma compreensão da prática pedagógica calcada não nos procedimentos necessários à ampliação da capacidade cognitiva dos alunos, mas nas estratégias de transmissão do conteúdo – este, sim, é o fator visto como preponderante. O comum é compreender-se que o conteúdo é o objetivo final do processo de ensino e aprendizagem, de forma que o aprendizado das matérias se torna um fim em si mesmo, o que pode ser verificado pela deturpação percebida na conceituação do conhecimento, segundo a qual ele é menos o saber construído que o conteúdo cristalizado.

Outro fator que expõe a precariedade da formação é o recurso excessivo ao livro didático no Brasil[181]. Esse uso evidencia a fragilidade da figura do professor como elemento que engendra o processo de construção do conhecimento em sala de aula. Com uma formação frágil, por meio da qual não consegue estabelecer nexos entre o conhecimento de sua área e o saber escolar, os professores veem-se cada vez mais dependentes do livro didático, visto não apenas como recurso didático para o aluno, mas como fonte de informação para o próprio docente.

Em segundo lugar, conforme nosso objetivo previamente estabelecido, podemos problematizar o discurso dos entrevistados para, neles, perceber a representação da prática docente, quando relacionada a fatores subjetivos previstos, muitas vezes, nas diretrizes curriculares nacionais, como é o caso da formação para a cidadania e para a alteridade. Tomemos as colocações dos professores sobre as questões propostas, todas voltadas para a formação da *identidade*: *diferença*, *cidadania* e *discriminação*. As respostas revelam, na grande maioria dos casos, de intenções que se concretizam em dois procedimentos: o mais frequente é a admoestação – o professor busca sensibilizar o aluno, para o que se

[181] Sobre o uso do livro didático, ver: VARGAS NETO, Nilda G. A. *O cotidiano do livro didático na escola*: a articulação do conteúdo e do método nos livros didáticos. Brasília/Rio de Janeiro: INEP/FLACSO, 1986; MOLINA, Olga. *Quem engana quem*: professor X livro didático. Campinas: Papirus, 1987; CORACINI, Maria J. R. F. (Org.). *Interpetração, autoria e legitimação do livro didático*. Campinas: Pontes, 1999.

relaciona a valores, por meio de uma estratégia discursiva, não raro de apelo moral; o outro recurso referido é a demonstração – o professor, utilizando dramatizações ou recorrendo a situações concretas ocorridas em sala de aula, discorre sobre comportamentos ideais.

Em tais casos, o conteúdo da disciplina pouco ou nada interfere nas relações pedagógicas voltadas para o desenvolvimento de valores. Pois é justamente a ausência de relação com o conteúdo e a escassez de reflexão conceitualmente encaminhada que viabilizam o improviso a que nos referimos. Analisemos dois casos-limite:

Ao perguntarmos sobre como a *formação do povo brasileiro* é abordada em suas aulas, obtivemos a seguinte consideração de um dos professores de História:

> "Eu ensino, mais ou menos, o que está no conteúdo programático estabelecido. Agora, eu coloco um pouco de [mim] naquilo. A aula do grande mestre é uma; a aula do outro grande mestre é outra; e a minha é minha, porque eu coloco um pouco de mim. Então, o que eu coloco ali é um pouco da formação que eu recebi do meu pai [...]"

Ao perguntarmos sobre como a questão da *indisciplina* era enfrentada, uma das Orientadoras Educacionais nos respondeu o seguinte: "A gente encontra... eu encontro uma dificuldade muito grande com os professores, porque o que é indisciplina pra eles, muitas vezes não é pra mim [sic]".

Em ambos os testemunhos, o sujeito que fala é o parâmetro da prática docente. Em ambos, a pertinência da atitude e da concepção pedagógica não reside em perspectiva teórica, na experiência adquirida ou nos objetivos da formação oferecida. A visão de mundo construída, independentemente ou à revelia da formação docente, parece ser preponderante. Poder-se-ia argumentar que o fato de não se fazer referência a aportes teóricos não significa dizer que eles não sejam utilizados como baliza para a prática docente.

Retorquimos ser significativo e causador de espécie o fato de apenas dois dos entrevistados terem assumido como necessária a indicação de tais aportes. Ademais, o ponto a ser destacado não é apenas a falta de referências teóricas e de conceituações, mas o fato de o conteúdo surgir como desvinculado dos processos de formação para a vida em sociedade. Aduzimos, ainda, que esse procedimento reitera a compreensão, nos alunos, de que a escola opera dois discursos distintos e independentes: um é voltado para o ensino, relacionado ao conteúdo a ser aferido e, portanto, incorporado; o outro compreende um conjunto de admoestações que cumprem, no mais das vezes, uma função acessória no ensino oferecido – elas não implicam, necessariamente, ações a serem incorporadas.

Por fim, um último desdobramento. Ao não se vincularem aos conteúdos, os componentes do currículo de formação para a identidade são passíveis de se constituírem de acordo com a visão de mundo do professor[182]. Isto pode levar ao desenvolvimento de comportamentos já diagnosticados, mas pouco estudados: alunos que se ocupam em aprender sobre o professor e suas preferências e encaminhamentos; especialistas em responder às expectativas do professor, mas incapazes de elaborar construções intelectuais coerentes e livres da influência docente.

Improviso e seus desdobramentos – para concluir

As considerações que apresentamos aqui são resultados dos processos investigativos formulados para o trato da questão étnica e racial no universo escolar. A pesquisa não pretendeu, desde a partida, eleger a forma como os professores viam a própria prática pedagógica ou como essa prática se beneficiava da formação adquirida nos cursos de licenciatura ou de pedagogia. Antes, a pesquisa ocupou-se com as formas pelas quais os problemas da diferença eram enfrentados no universo escolar, por meio da análise de uma manifestação peculiar da diferença, qual seja a diferença que fundamenta o *mito da democracia racial* e o seu corolário, o *racismo à brasileira*[183].

---

182 Sobre o Currículo oculto, ver MCLAREN, Peter. *A vida nas escolas*: uma introdução à pedagogia crítica nos fundamentos da Educação. Tradução de Lúcia P. Zimmer *et al.* Porto Alegre: Artes Médicas, 1997.

183 Sobre a questão, ver TELLES, Edward Eric. *Racismo à brasileira*: uma nova perspectiva sociológica. Rio de Janeiro: Relume Dumará; Fundação Ford, 2003.

O improviso surgiu para os pesquisadores, em meio aos dados recolhidos, como um fator estrutural da prática pedagógica no universo escolar. As falas de professores e técnicos deixaram evidente que as premissas que organizam as perspectivas de aprendizagem, a organização e a exposição do conteúdo e a relação com os alunos não têm relação direta e necessária com o conhecimento sistematizado sobre a psicologia da aprendizagem, os mecanismos de transposição didática[184] e as relações interpessoais na Escola.

As entrevistas realizadas evidenciam duas ordens de fatores que fundamentam o que chamamos de hegemonia do improviso. Em primeiro lugar, a formação. Cingida em dois cursos, os quais mantêm pouco ou nenhum diálogo, a formação acaba por encaminhar a ideia de que o conteúdo curricular é o elemento a ser privilegiado, o que acarreta uma prática pedagógica que vê o conteúdo como um fim em si mesmo. Nesse sentido, ele deve ser apreendido e exercitado, ainda que sua função e suas possibilidades não estejam totalmente claras para alunos e professores da Educação Básica.

Pouco habituados, ao longo da formação, a relacionar as questões do Ensino e da Aprendizagem à área na qual são especialistas, os professores acabam por manifestar uma enorme dificuldade em utilizar o conteúdo curricular para o desenvolvimento das competências e habilidades recomendadas pelos parâmetros curriculares nacionais e pela legislação ultimamente publicada, com vistas ao trato da Diferença[185].

Em segundo lugar, a prática. Pautada na experiência, no enfrentamento de questões vistas como mais importantes – o esgotamento do conteúdo, a manutenção da disciplina e no controle do tempo –, a prática pedagógica não se beneficia da autocrítica. Realizada sem o

---

[184] Sobre a questão, ver VADEMARIN, Vanessa. O discurso pedagógico como forma de transmissão do conhecimento. *Caderno Cedes*, Campinas, v. 19, n. 44, p. 73-84, abr./1998; MARANDINO, Martha. Transposição ou recontextualização? Sobre a produção de saberes na educação em museus de ciências. *Revista Brasileira de Educação*, Rio de Janeiro, n. 26, p. 95-108, ago./2004.

[185] BRASIL. Ministério da Educação e Cultura. *Diretrizes curriculares nacionais para a educação das relações étnico-raciais e para o ensino de história e cultura afro-brasileira e africana*. Brasília, out., 2004.

planejamento necessário, sem contar com a interação necessária entre as diversas disciplinas ou regulada por uma compreensão superficial do que venha a ser interdisciplinaridade ou transdisciplinaridade, a prática docente acaba por se perder e basear-se no que o professor tem mais familiaridade: sua experiência familiar, sua visão de mundo, sua compreensão do justo e do injusto e, mais importante, sua percepção da expectativa de cada uma das crianças e adolescentes que estão sob sua responsabilidade.

Rever a formação, portanto, é imperativo. Mas atuar nas escolas, de forma a incluir o planejamento como parte da atividade do professor é fundamental para que, em curto prazo, possamos superar as deficiências dos sistemas de ensino, tanto público quanto privado. Para tanto, é necessário que o planejamento e o controle sobre o exercício da docência sejam considerados momentos essenciais da prática pedagógica e componham a carga horária de professores e técnicos.

SOBRE OS AUTORES

DIOGO SOARES CAMELO é graduando do Curso de História da Universidade Federal do Pará, pesquisador voluntário do Projeto de Pesquisa "Questão Indígena, Política de Terras e a Mão-de-obra no Pará (1845-1899)", coordenado pelos professores doutores Jonas Marçal de Queiroz e Mauro Cezar Coelho.

EVELINE ALMEIDA DE SOUSA é graduanda do Curso de História da Universidade Federal do Pará, bolsista de Iniciação Científica (PIBIC/CNPq) do Projeto de Pesquisa, Questão Indígena, Política de Terras e a Mão-de-obra no Pará (1845-1899)", coordenado pelos professores doutores Jonas Marçal de Queiroz e Mauro Cezar Coelho.

FELIPE TAVARES DE MORAES é graduando do Curso de História da Universidade Federal do Pará, bolsista de Iniciação Científica (PIBIC/CNPq) do Projeto de Pesquisa, "Diferença e Etnia no Universo Escolar", coordenado pela professora doutora Wilma de Nazaré Baía Coelho.

HELENA DO SOCORRO CAMPOS DA ROCHA é mestra em Teoria e Pesquisa do Comportamento, pela Universidade Federal do Pará, e professora do Centro Federal de Educação de Educação Tecnológica do Pará. Coordenou o Projeto "Implantando a Lei nº 10.639/2003 no CEFET/PA: implicações na formação docente".

MAURO CEZAR COELHO é doutor em História Social, pela Universidade de São Paulo, e professor adjunto da Universidade Federal do Pará. Atua nas áreas de História Indígena e do Indigenismo, Período Colonial na Amazônia e Ensino de História.

PATRÍCIA RAIOL CASTRO DE MELO é graduanda do Curso de História da Universidade Federal do Pará, bolsista de Iniciação Científica (PIBIC/CNPq) do Projeto de Pesquisa, Questão Indígena, Política de Terras e a Mão-de-obra no Pará (1845-1899)", coordenado pelos professores doutores Jonas Marçal de Queiroz e Mauro Cezar Coelho.

RAFAELA PAIVA COSTA é graduanda do Curso de História da Universidade Federal do Pará, bolsista de Iniciação Científica (PIBIC/CNPq) do Projeto de Pesquisa, "Diferença e Etnia no Universo Escolar", coordenado pela professora doutora Wilma de Nazaré Baía Coelho.

REBECA PEREIRA CABRAL é graduanda do Curso de Psicologia da Universidade da Amazônia, atuou como pesquisadora voluntária no Projeto "A escola e a questão racial: um estudo sobre as representações dos agentes da escola, sobre os conteúdos étnico-culturais", coordenado pela professora doutora Wilma de Nazaré Baía Coelho.

ROSA ELIZABETH ACEVEDO MARIN é doutora em História e Civilização pela École des Hautes Études en Sciences Sociales, pós-doutorado pelo Centre National de la Recherche Scientifique e pela Université de Québec À Montreal. Atualmente é professora adjunta da Universidade Federal do Pará. Tem experiência na área de História, com ênfase em História do Brasil. Atuando principalmente nos seguintes temas: trabalho escravo, trabalho livre, Pará, século, camponeses, agricultura, colonização.

WILMA DE NAZARÉ BAÍA COELHO é doutora em Educação pela Universidade Federal do Rio Grande do Norte, e professora adjunta da Universidade Federal do Pará e da Universidade da Amazônia. Atua na área de Formação de Professores, "Questão Étnico-Racial e Escola e Reprodução Social".

Esta obra foi produzida em Belo Horizonte, em junho de dois mil e dez, pela MAZZA EDIÇÕES LTDA. A composição empregou a tipologia *Adobe Garamond Pro* e *Abadi MT Condensed*. O papel utilizado foi Offset 75 g/m² (miolo) e Art Premiun 250 g/m² (capa).